AF303552

FSC
www.fsc.org
MIX
Papier aus ver-
antwortungsvollen
Quellen
Paper from
responsible sources
FSC® C105338

Die Berliner Postämter von 1850 bis 1993

Ein Anschriftenverzeichnis mit Einleitungen
in deutscher und englischer Sprache

5. überarbeitete 2024

***

The Berlin post offices from 1850 to 1993

An address list with introductions in German and English

5th revised edition 2024

Die Postämter Berlins 1850 bis 1993
Ein Anschriftenverzeichnis mit Einleitungen
in deutscher und englischer Sprache

Zusammengestellt von
Klaus-Dieter Stamm   email: Berliner-Post@genial.ms

Mit fachlicher Unterstützung von:

1. Ausgabe   **2. Ausgabe** *zusätzlich*
Helmuth A. Kolitsch   Horst Pfennig
Wolfgang Marx   Karl-Heinz Gärtner
Ernst-Dieter Schaepe   **3. Ausgabe**
Wolfram Teutloff   Jürgen Meiffert

3. und 4. Ausgabe ausschließlich in elektronischer Form

Herstellung und Verlag:
BoD – Books on Demand, Norderstedt

ISBN: 978-3-7583-0331-9   Verkaufspreis: 17,00 EUR

Inhaltsverzeichnis

Vorwort

Wie entstand das Vorhaben? Eigentlich ging es mir zunächst um die Postämter von Berlin (Ost) ab 1965 bis 1990. Die Angelegenheit zog dann jedoch immer größere Kreise. Schnell wurden alle Berliner Postämter nach 1945 interessant. Dann die Frage: „Wie kam es eigentlich zu den Nummern der Innenstadtpostämter?". Schon war man fast am Anfang des Berliner Postwesens im 19. Jahrhundert.

Die vorliegende Broschüre verfolgt nicht die Absicht, das Berliner Postwesen in Gänze darzustellen, sondern konzentriert sich auf die staatlichen Postämter, deren Eröffnung, Umbenennung und Schließung. Sie soll ein Informationsmaterial für Sammler und postgeschichtlich Interessierte sein und erhebt nicht den Anspruch eines vollständigen Kataloges.

Die privaten Postämter bis Anfang 1900 und ab 1999 werden hier nicht betrachtet. Bewusst wurden auch keine Abbildungen von Belegen aufgenommen; das wollen und sollen die Sammler selbst übernehmen.

Wenn man über staatliche Postämter spricht, kann man 1850 anfangen und muss 1993 mit der Privatisierung der Post in Form der heutigen Deutsche Post AG aufhören.

Die vorliegenden Daten beruhen auf ausgedehntem Literaturstudium einschließlich Internetrecherchen. So manche Frage *(Eröffnungs- und Schließungsdatum einzelner Postämter)* konnte nicht vollständig geklärt werden. Problematisch war auch die genaue Adresse (Postanschrift) festzustellen, da ohne Standortwechsel oft unterschiedliche Hausnummern in den jeweiligen Straßen angegeben wurden. Ich musste mich jeweils der Epoche entsprechend entscheiden.

Nicht in der Aufstellung enthalten sind Ämter, die spezielle Aufgaben erfüllen wie Telegrafen- oder Bahnpostämter.

Die neue deutsche Rechtschreibung kam nur bei den vom Autor selbst verfassten Beiträgen zur Anwendung.

Der Anfang war gemacht, aber wo aufhören? Die Zusammenstellung der Daten endet im Wesentlichen mit den Jahren 1990/1993 – mit der Deutschen Einheit und der ersten Postreform sowie insbesondere der zweiten Postreform, die die Privatisierung der Post in Deutschland zur Folge hatte. Seither besitzt die Deutsche Post immer weniger eigene Postämter, *jetzt Postfilialen* genannt. Die Aufgaben der Post haben zunehmend die Finanzcenter der Deutschen Postbank AG und die Postfilialen im Einzelhandel als Dienstleister übernommen. Bis zu Jahr 2012 trennten sich die Post von allen ihren Liegenschaften und verkaufte sie an private Investoren oder die Postbank. Lediglich in den Postbank-Filialen waren weiterhin Postangestellte im Postgeschäft tätig. Nach Möglichkeit wurde das Datum der endgültigen Schließung des jeweiligen Postamtes auch nach 1993 aufgenommen. Die Fortführung der Aufgaben durch Postfilialen im Einzelhandel wird nicht weiter betrachtet.

Lücken, Ungenauigkeiten und Fehler möchte ich gerne mit Hilfe anderer Sammlerfreunde korrigieren und bei einer späteren Ausgabe berücksichtigen.

Sicher gibt es die eine oder andere Lücke. Eine Jahreszahl ist ein Anhalt für das Ereignis; ein genaues Datum, welches oft nicht zu ermitteln war, dann schon die Perfektion. Für Hinweise bin ich dankbar, möglichst auch mit entsprechender Quellenangabe.

Hinweise bitte per Mail an:
Berliner-Post@genial.ms

Natürlich gilt es für die Unterstützung bei der Erstellung vielen Leuten Danke zu sagen, denn allein kann man so ein Vorhaben nicht bewältigen. Irgendwann wird man betriebsblind.

Mein Dank gilt insbesondere Detlef Steiner für seine Ideen und Korrekturvorschläge.

Berlin, im Januar 2024   Klaus-Dieter Stamm

Preface

How did the project come about? Actually, my initial concern was the post offices in Berlin (East) from 1965 to 1990. However, the matter then became increasingly widespread. All Berlin post offices quickly became interesting after 1945. Then the question: "How did the numbers for the city center post offices actually come about?" We were almost at the beginning of the Berlin postal system in the 19th century. This brochure does not intend to present the Berlin postal system in its entirety, but rather focuses on the state post offices, their opening, renaming and closure. It is intended to be information material for collectors and those interested in postal history and does not claim to be a complete catalogue.

The private post offices up to the beginning of 1900 and from 1999 are not considered here. No images of receipts were deliberately included; The collectors want and should do this themselves.

When talking about state post offices, you can start in 1850 and end in 1993 with the privatization of the post office in the form of today's Deutsche Post AG.

The available data is based on extensive literature study including internet research. Some questions (opening and closing dates of individual post offices) could not be fully clarified. Determining the exact address (postal address) was also problematic, as different house numbers were often given in the respective streets without changing location.

I had to choose according to the era. The list does not include offices that fulfill special tasks such as telegraph or railway post offices.

The new German spelling was only used in articles written by the author himself.

The beginning has been made, but where to stop? The compilation of the data essentially ends with the years 1990/1993 - with

German unity and the first postal reform and especially the second postal reform, which resulted in the privatization of the postal service in Germany. Since then, Deutsche Post has had fewer and fewer post offices of its own, now called post offices. The financial centers of Deutsche Postbank AG and the postal branches in the retail sector have increasingly taken over the tasks of the post office as service providers. By 2012, the postal service had divested itself of all of its properties and sold them to private investors or the Postbank. Only in the Postbank branches did postal employees continue to work in the postal business. Where possible, the date of final closure of the respective post office was also recorded after 1993. The continuation of the tasks carried out by post offices in the retail sector will no longer be considered.

I would like to correct any gaps, inaccuracies and errors with the help of other collector friends and take them into account in a later edition.

There are certainly one or two gaps. A year is an indication of the event; an exact date, which often could not be determined, then perfection. I would be grateful for any information, if possible with appropriate references.

Please send information via email to:

Berliner-Post@genial.ms

Of course, it's important to say thank you to many people for their support in creating it, because you can't manage a project like this alone. At some point you become operationally blind. My thanks in particular go to Detlef Steiner for his ideas and suggestions for corrections.

Berlin, January 2024   Klaus-Dieter Stamm

Einleitung

In der Broschüre werden alle auf Dauer eingerichteten Berliner Postämter von 1850 bis 1993 erfasst. Als Einführung werden die postalischen Einrichtungen vor der Eröffnung der ersten Postämter beschrieben.

Grundsätzlich erfolgt die Auflistung der Postämter in nummerischen Folge der Ämter in der Berliner Innenstadt bzw. der alphabetischen Folge den Postämter bei den Vorortpostämtern bzw. den Postämtern der Außenbezirke. Lediglich für die Zeit von 1863 bis 1920 erfolgt die Reihenfolge der Postämter der Auflistung auch nach ihrem Eröffnungsdatum.

Die Zusammenstellung gliedert sich in vier Epochen:

1. Epoche von 1850 bis 1920, der Gründung von Groß-Berlin

2. Epoche von 1920 bis 1945, dem Ende des 2. Weltkrieges

3. Epoche von 1945 bis zur Einführung der Postleitzahlen 1962/1965

4. Epoche der vierstelligen Postleitzahlen in (West-) und (Ost-) Berlin bis zur Einführung der fünfstelligen Postleitzahlen in der Bundesrepublik zum 1. Juli 1993.

In der Darstellung wird in den ersten beiden Epochen zwischen der (Innen-)Stadt Berlin und den (eingemeindeten) Vororten unterschieden. In der dritten und vierten Epoche erfolgt die Trennung zwischen dem Ost- und Westteil von Berlin.

Zu beachten ist insbesondere bei den Innenstadtpostämtern, dass es Ämter mit gleicher Nummer, aber unterschiedlicher Richtungsanzeige (z. B. O, C, NO oder N) gab. Sie sind in der Regel auf den Umzug eines Postamtes oder der Veränderung der Unterstellung zurückzuführen. In der Zeit von 1875 bis 1920 wurden die Nummern der geschlossenen Postämter aber auch neu vergeben. Hierbei handelte es sich jedoch stets um wirklich neue Postämter. Gleiche Postamtsnummern mit unterschiedlicher Richtungsanzeige gab es zeitgleich nie. Gleiches gilt auch für die Postamtsangabe bzw. Postleitzahlen im Ostteil Berlins von 1965 bis 1990.

Schwierig wird es bei den Postamtsnummern der Annahmepostämter in Berlin (West) ab 1962, da die Nummer, durch Veränderung der Unterstellung des Zustellpostamtes häufig wechselte.

Introduction

The brochure lists all permanently established Berlin post offices from 1850 to 1993. As an introduction, the postal facilities before the opening of the first post offices are described. Basically, the post offices are listed in numerical order in the offices in the city center of Berlin or in the alphabetical order of the post offices in the suburban post offices or the post offices in the outskirts. Only for the period from 1863 to 1920 are the order of the post offices listed according to their opening date. The compilation is divided into four eras:

1. Epoch from 1850 to 1920, the founding of Greater Berlin

2. Epoch from 1920 to 1945, the end of World War II

3. Epoch from 1945 to the introduction of postal codes 1962/1965

4. Epoch of four-digit postal codes in (West) and (East) Berlin until the introduction of five-digit postal codes in the Federal Republic on July 1, 1993.

In the first two eras, a distinction is made between the (inner) city of Berlin and the (incorporated) suburbs. In the third and fourth eras, the eastern and western parts of Berlin are separated.

It should be noted, particularly in the case of the city center post offices, that there were offices with the same number but different direction signs (e.g. E, C, NO or N). They are usually due to the relocation of a post office or a change in subordination. In the period from 1875 to 1920, the numbers of the closed post offices were also reassigned. However, these were always really new post offices. There were never any identical post office numbers with different direction indicators at the same time. The same applies to the post office information and postal codes in the eastern part of Berlin from 1965 to 1990.

Things become difficult with the post office numbers of the acceptance post offices in Berlin (West) from 1962 onwards, as the number changed frequently due to changes in the delivery post office's subordination

Abkürzungsverzeichnis / List of abbreviations

Bz.	Bezirk / Regierungsbezirk District / administrative district
C. / C	Centrum / Center
HPA	Hauptpostamt / Main post office
Kr.	Kreis / district
N. / N	Nord / Norte
N.O. / NO	Nordost / Northeast
N.W. / NW	Nordwest / Northwest
O. / O	Ost / East
OPD	Oberpostdirektion
PA	Postamt / Post Office
PA (V)	Postamt mit Verwaltungsaufgaben / Post office with administrative tasks
PLZ	Postleitzahl / Postal code
PST I	Poststelle I / Post I
PST II	Poststelle II (Stadt) / Post II (city)
SBZ	sowjetische Besatzungszone / Soviet occupation zone
S. / S	Süd / South
S.O. / SO	Südost / Southeast
S.W. / SW	Südwest / Southwest
VuM MPF	Verfügungen und Mitteilungen des Ministeriums für Post und Fernmeldewesens der DDR / Orders and communications from the Ministry of Post and Telecommunications of the GDR
W. / W	West / West
ZwPA	Zweigpostamt / Branch post office

1. Die Stadtpost in Berlin ab Dezember 1827

An 60 verschiedenen Stellen wurden im Dezember 1827 in der Stadt Berlin Briefsammlungen errichtet. Sie waren somit die Vorläufer der Berliner Stadtpost-Expeditionen und der Berliner Postämter. Die Orte waren durch ein Schild mit dem Postwappen und der Inschrift „Königliche Briefsammlung Nr. ...“ gekennzeichnet. Diese Briefsammlungen waren verpflichtet, täglich von morgens 7 Uhr bis abends 8 Uhr (an Sonn- und Festtagen bis nachmittags 2 Uhr) sowohl im die Stadt gehende als auch mit Boten weitergehende Post anzunehmen.

Im Einzelnen befanden sie sich an folgenden Orten:

***

In December 1827, letter collections were set up in 60 different places in the city of Berlin. They were therefore the forerunners of the Berlin city postal expeditions and the Berlin post offices. The places were marked by a sign with the postal coat of arms and the inscription "Royal Letter Collection No. ...". These letter collections were obliged to accept mail from 7 a.m. to 8 a.m. on Sundays and holidays (until 2 p.m. on Sundays) every day, both through the city and through messengers.

Specifically, they were located in the following locations:

Nr. Adresse

1   Oranienburger-Straße Nr. 36 (im Posthalterei-Gebäude)

2   Wall- und Neue Roßstraße Ecke

3   Louisen-Straße Nr. 27

4   Thierarzneischul-Platz Nr. 1

5   Neue Wilhelm-Straße Nr. 7

Nr. Adresse

6   Mittel-Straße Nr. 31

7   Unter den Linden Nr. 57

8   Große Friedrichs- und Dorotheen-Straße Ecke Nr. 15

9   Unter den Linden Nr. 25

10   Behren-Straße Nr. 1a

11   Französische Straße Nr. 62

12   Behren-Straße Nr. 49

13   Stechbahn Nr. 1

14   Brüder-Straße Nr. 24

15   Jäger-Straße Nr. 41

16   Jäger- und Mauer-Straßen-Ecke

17   Linden-Straße Nr. 101

18   Leipziger Straße Nr. 83

19   Mohren-Straße Nr. 11

20   Schützen- und Friedrichs-Straße-Ecke

21   Wilhelms-Straße Nr. 20

22   Wilhelms-Straße Nr. 85

23   Große Friedrichs-Straße Nr. 241

24   Markgrafen- und Schützen-Straßen-Ecke

25   Markgrafen-Straße Nr. 88

26   Tauben-Straße Nr. 5

Nr. Adresse

27 Jerusalemer-Straße Nr. 66

28 Jerusalemer Straße 29

29 Krausen-Straße 43

30 Charlotten-Straße 34

31 Mühlendamm Nr. 21

32 Alte Grünstraße Nr. 4

33 Alte Leipziger Straße Nr. 20

34 Spittelmarkt Nr. 1

35 Neue Jakob-Straße Nr. 14

36 Alte Jakob-Straße Nr. 75

37 Dresdner Straße Nr. 44

38 Köpenicker Straße Nr. 103

39 Köpenicker Straße Nr. 135

40 Königs-Straße 26

41 Landsberger Straße Nr. 58

42 Landsberger Straße Nr. 2

43 Kaiser-Straße Nr. 48

44 Große Frankfurter Straße Nr. 37

45 Stralauer Platz Nr. 18

46 Resen- und lange Gassen-Ecke

47 Blumen-Straße Nr. 4

Nr. Adresse

48 Stralauer Straße Nr. 57

49 Jüden-Straße Nr. 43

50 Neue-Friedrich-Straße Nr. zunächst 4 später 66

51 Haaksche Markt Nr. 5

52 Sophie-Kirch-Gasse Nr. 32

53 Hospital-Straße Nr. 24

54 Gollnews-Gasse Nr. 32 a

55 Brunnen-Straße Nr. 48

56 Rosenthaler Straße Nr. 63

57 Linien- und Grenadier-Straßen-Ecke

58 Alte Schönhauser Straße Nr. 42

59 Neue Königs-Straße Nr. 61

60 Alexander-Straße Nr. 63

In den Jahren 1828 bis 1849 wurden weitere Briefsammlungen im Stadtgebiet und den Vororten eingerichtet.

Between 1828 and 1849, further letter collections were set up in the city and the suburbs.

Nr. Jahr Adresse

61 1928 Chausseestraße 15

62 1929 Friedrichsfelde **bis 1839**

62 1842 Luisenstraße 63

63 1842 Alexandrinenstraße 18

Nr.	Jahr	Adresse
64	1842	Alte Jacobstraße 9
65	1845	Alexandrinenstraße 42
66	1849	Anhaltische Straße 2
67	1849	Anhalter Bahnhof
68	1849	Stettiner Bahnhof
69	1849	Frankfurter Bahnhof
70	1849	Potsdamer Bahnhof
71	1848	Moabit
72	1849	Schöneberg (1840 bis 1848 – ohne Nummer)
73	1849	Luisenbad (Gesundbrunnen)
74	1849	Friedrichsfelde *(von 1839 bis 1849 ohne Nummer)*
75	1849	Rixdorf
76	1849	Pankow

2. Die Berliner Stadtpost-Expeditionen

Durch die Errichtung der Eisenbahnstrecken nach Berlin, entstanden in den vierziger Jahren des 19. Jahrhunderts in Berlin innerhalb kurzer Zeit fünf Bahnhöfe auf denen Eisenbahnexpeditionen eingerichtet wurden. Es handelte sich dabei um folgende Bahnhöfe:

- dem Potsdamer Bahnhof ab dem 29. Oktober 1838
- dem Anhalter Bahnhof ab dem 1. Juli 1841
- dem Stettiner Bahnhof ab dem 30. Juli 1842
- dem Frankfurter Bahnhof ab dem 23. Oktober 1842 und
  dem Hamburger Bahnhof ab dem 15. Dezember 1846.

Die Expeditionen nahmen Postsendungen jeder Art an.

Auf Königlicher Order vom 19. September 1849 wurde zum 2. Januar 1850 die Oberpostdirektion Berlin gegründet

Die Berliner Postbezirke entwickelten sich aus den ersten Stadtpost-Expeditionen. Sie waren mit römischen Ziffern gekennzeichnet. Am 1. Mai 1851 wurden die ersten Postexpeditionen eröffnet. Dabei wurden die schon bestehenden Eisenbahn-Postexpeditionen mit eingeschlossen.

Sie waren die Vorläufer der Postämter in der Stadt Berlin und einigen ihrer Vororte. Sie galten von 1851 bis 1862. Die Stadtpost-Expeditionen I – XIX und die später entstandenen Expeditionen wurden am 1. August 1862 unter der Bezeichnung Post-Expedition (jetzt mit arabischen Ziffern bezeichnet) selbständige Postanstalten. Sie standen unter der Leitung der 1850 gebildeten Oberpostdirektion (OPD) Berlin.

Die Central-Stadtpost-Expedition (seit 1860 Hofpostamt) befand sich in der Spandauer Straße 19. Es gliederte sich in die *Abtheilungen* I bis III.

- Abtheilung I - Postangelegenheiten - Leipziger Straße 15/16
- Abtheilung II - Telegraphenangelegenheiten - Französische Straße 33c
- Abtheilung III - gemeinsame Verwaltungsangelegenheiten -Leipziger
  Straße 15/16

***

2 The Berlin city postal expeditions

Due to the construction of railway lines to Berlin, five railway stations were built within a short period of time in the forties of the 19th century in Berlin, where railway expeditions were established. These were the following stations:
- thePotsdamer railway station from 29 October 1838 onwards
- the Anhalter railway station from 1 July 1841
- the Szczecin railway station from 30 July 1842
- the Frankfurter railway station from 23 October 1842 and
- Hamburger railway station from 15 December 1846.

The expeditions accepted mail of all kinds.

By royal order of 19 September 1849, the Oberpostdirektion Berlin was founded on 2 January 1850.
The Berlin postal districts developed from the first city postal expeditions. They were marked with Roman numerals. Box |

On 1 May 1851, the first postal expeditions were opened. This included the already existing railway postal expeditions.

They were the forerunners of the post offices in the city of Berlin and some of its suburbs. The City Post Expeditions I - XIX and the later expeditions became independent postal institutions on 1 August 1862 under the name Post Expedition (now designated with Arabic numerals). They were under the direction of the Oberpostdirektion (OPD) Berlin, which was formed in 1850.

The Central-Stadtpost-Expedition (since 1860 Hofpostamt) was located at Spandauer Straße 19. It was divided into departments I to III.

- Department I - Postal matters - Leipziger Straße 15/16
- Department II - Telegraph matters - Französische Straße 33c
- Department III - Common administrative matters - Leipziger Strasse
                 Street 15/16

Stadtpost-Expedition Nr. I.
seit 01.05.1851 Spandauer Straße 19/22
ab 15. Mai 1862 Post-Expedition Berlin 1

Stadtpost-Expedition Nr. II
seit 01.05.1851 Neue Schönhauser Straße 4
ab 1859 Weinmeisterstraße 8
ab 15. Mai 1862 Post-Expedition Berlin 2

Stadtpost-Expedition Nr. III
seit 01.05.1851 Oranienburger Straße 35
plus Posthalterei *später Nummer 36*
ab 15. Mai 1862 Post-Expedition Berlin 3

Stadtpost-Expedition Nr. IV
seit 01.05.1851 Stettiner Eisenbahnhof
ab 15. Mai 1862 Post-Expedition Berlin 4

Stadtpost-Expedition Nr. V
seit 01.05.1851 Hamburger Eisenbahnhof
ab 15. Mai 1862 Post-Expedition Berlin 5

Stadtpost-Expedition Nr. VI
seit 01.05.1851 Louisenstraße 20
später Louisenstraße 32 und 38 *(heute Luisenstraße)*
ab 15. Mai 1862 Post-Expedition Berlin 6

Stadtpost-Expedition Nr. VII
ab 01.05.1851 Neustädtische Kirchstraße 8
ab 15.07.1851 Unter den Linden 61
seit 1859 Schadowstraße 12
ab 15. Mai 1862 Post-Expedition Berlin 7

Stadtpost-Expedition Nr. VIII
seit 01.05.1851 Mohrenstraße 23
ab 1859 Charlottenstraße 60
ab 15. Mai 1862 Post-Expedition Berlin 8

Stadtpost-Expedition Nr. IX
seit 01.05.1851 Potsdamer Eisenbahnhof
ab 15. Mai 1862 Post-Expedition Berlin 9

Stadtpost-Expedition Nr. X
seit 01.05.1851 Anhaltischer Eisenbahnhof
ab 15. Mai 1862 Post-Expedition Berlin 11

Stadtpost-Expedition Nr. XI
seit 01.05.1851 Lindenstraße 82
ab 1861 Zimmerstraße 39
ab 15. Mai 1862 Post-Expedition Berlin 12

Stadtpost-Expedition Nr. XII
seit 01.05.1851 Neue Jacobstraße 15
ab 1861 Alte Jacobstraße 75
ab 15. Mai 1862 Post-Expedition Berlin 14

Stadtpost-Expedition Nr. XIII
seit 01.05.1851 Frankfurter Eisenbahnhof
ab 15. Mai 1862 Post-Expedition Berlin 17

Stadtpost-Expedition Nr. XIV
seit 01.05.1851 Kaiserstraße 36
ab 1859 Kaiserstraße 5 und 9
seit 1862 geschlossen

Stadtpost-Expedition Nr. XV
ab 01.04.1860 Oranienstraße 43
ab 1861 Luckauer Straße 14
ab 15. Mai 1862 Post-Expedition Berlin 15

Stadtpost-Expedition Nr. XVI
ab 01.01.1861 Botanische-Garten-Straße 20
in der Stadt Schöneberg
ab 15. Mai 1862 Post-Expedition Berlin 22

Stadtpost-Expedition Nr. XVII
Thurmstraße 28 *(heute Turmstraße)*
in Moabit
ab 15. Mai 1862 Post-Expedition Berlin 21

Stadtpost-Expedition Nr. XVIII
seit 01.01.1861 Badstraße 64a
auf dem Gesundbrunnen
ab 15. Mai 1862 Post-Expedition Berlin 20

Stadtpost-Expedition Nr. XIX
seit 01.01.1861 in der Gemeinde Pankow
Breite Straße 25
ab 15. Mai 1862 Post-Expedition Berlin 19

3. Die Organisation der Berliner Post ab 1862

Die nach dem 1. August 1862 entstandenen selbständige Postanstalten erhielten die Bezeichnung „Post-Expedition" (jetzt mit arabischen Ziffern bezeichnet). Sie standen unter der Leitung der 1850 gebildeten Oberpostdirektion (OPD) Berlin. Die Post-Expeditionen wurden fortlaufend in arabischen Ziffern von Nr. 1 bis 58 im Jahre 1874 nummiert.

***

The independent post offices that emerged after August 1, 1862 were given the name "Post-Expedition" (now designated with Arabic numerals). They were under the direction of the Berlin Oberpostdirektion (OPD), which was formed in 1850. The postal expeditions were numbered consecutively in Arabic numerals from No. 1 to 58 in 1874.

Post-Expedition	Eröffnung	Anschrift
Berlin 1 vorher Stadt-Post. I.	15.05.1862	Spandauer Straße 19/22
Berlin 2 vorher Stadt-Post. II.	15.05.1862 um 1873	Weinmeisterstraße 8 Schönhauser Straße 2
Berlin 3 vorher Stadt-Post. III.	15.05.1862	Oranienburger Straße 35
Berlin 4 vorher Stadt-Post. IV.	15.05.1862	Stettiner Eisenbahnhof

Die Berliner Post ab 1862

Post-Expedition	Eröffnung	Anschrift
Berlin 5 vorher Stadt-Post. V.	15.05.1862	Hamburger Eisenbahnhof
Berlin 6 vorher Stadt-Post. VI.	15.05.1862	Louisenstraße 32 und 38 (
Berlin 7 vorher Stadt-Post. VII. 1872 Stadtpostamt	15.05.1862 um 1868 ab 1874	Schadowstraße 12 Dorotheenstraße 71 Dorotheenstraße 28
Berlin 8 vorher Stadt- Post.VIII.	15.05.1862 um 1863	Charlottenstraße 60 Taubenstraße 42
Berlin 9 vorher Stadt-Post. IX.	15.05.1862	Potsdamer Eisenbahnhof
Berlin 10	15.05.1862	Grabenstraße 23
Berlin 11 vorher Stadt-Post. X.	15.05.1862	Anhaltischer Eisenbahnhof
Berlin 12 vorher Stadt-Post. XI.	15.05.1862 15.04.1873	Zimmerstraße 39 Zimmerstraße26
Berlin 13	15.05.1862 ab 1869	Lindenstraße 13 Hollmannstraße 13
Berlin 14 vorher Stadt-Post. XII.	15.05.1862	Alte Jacobstraße 75

Die Berliner Post ab 1862

Post-Expedition	Eröffnung	Anschrift
Berlin 15 vorher Stadt-Post. XV.	15.05.1862	Sebastianstraße 78
Berlin 16	15.05.1862	Adalbertstraße 35a
Berlin 17 vorher Stadt-Post. XIII.	15.05.1862	Frankfurter Bahnhof
Berlin 18	15.05.1862 ab 1872	Landsberger Straße 89 Waßmannstraße 35
Berlin 19 vorher Stadt-Post. XIX.	15.05.1862	Breite Straße 25
Berlin 20 vorher Stadt-Post. XVIII	15.05.1862	Gesundbrunnen Badstraße 64 a
Berlin 21 vorher Stadt-Post. XVII.	15.05.1862 um 1873	Moabit Thurmstraße 28 Alt-Schöneberg 34
Berlin 22 vorher Stadt-Post. XVI.	15.05.1862	Botanische Straße 20
Berlin 23	01.01.1863	Alte Leipziger Straße 50
Berlin 24	01.04.1864	Oranienburger Straße 70
Berlin 25	01.05.1865	Am Königsgraben 2
Berlin 26	01.10.1965	Oranienstraße 182
Berlin 27	01.12.1865	Blumenstraße 84
Berlin 28	01.04.1866	Brunnenstraße 121 b

Die Berliner Post ab 1862

Post-Expedition	Eröffnung	Anschrift
Berlin 29	01.04.1866	Belle-Alliance-Straße 98
Berlin 30	01.05.1866	Lichtenberg Magdalenstraße 3/4 und 10
Berlin 31	01.05.1866	Friedrichsfelde
Berlin 32	01.04.1867 01.04.1874	Bergstraße 32 Berliner Straße 45
Berlin 33	01.04.1867	Tempelhof bei Berlin Tempelhofer Ufer 12
Berlin 34	01.10.1867	Ostbahnhof
Berlin 35	November 1867	Potsdamer Straße 115
Berlin 36	30.12.1867	Görlitzer Bahnhof
Berlin 37	05.04.1868	Schönhauser Allee 173
Berlin 38	15.10.1869	Jägerstraße 22
Berlin 39	06.01.1870	Chausseestraße 64 a
Berlin 40	15.07.1871	Lehrter Bahnhof
Berlin 41	10.04.1871 ab 1873	Mauerstraße 69 Mauerstraße 61/62
Berlin 42	15.07.1872	Ritterstraße 26
Berlin 43	01.10.1872	Neue Königstraße 70
Berlin 44	01.10.1872	Kronenstraße 41
Berlin 45	01.10.1872	Grünstraße 20

Post-Expedition	Eröffnung	Anschrift
Berlin 46	01.10.1872	Behrensstraße 52
Berlin 47	15.10.1872	Weißensee
Berlin 48	Januar 1873	Friedrichstraße 231
Berlin 49	Januar 1873	Behrensstraße 52
Berlin 50	ab 1873	Cöpenicker Straße 98
Berlin 51	22.12.1873	Rummelsburg
Berlin 52	01.01.1874	Kaiserin-Augusta-Allee 15
Berlin 53	01.10.1874	Hasenheide Berliner Straße 32
Berlin 54	01.01.1974	Friedrichsberg
Berlin 55	10.01.1874	Wilmersdorf
Berlin 56	01.01.1874	Lindenberg
Berlin 57	15.05.1874	Friedenau
Berlin 58	15.05.1874	Südende

4. Die Berliner Postämter von 1875 bis 1920

Am 1. Januar 1872 trat das Gesetz über das Postwesen, das Post-taxwesen und die Postordnung der Reichspost in Kraft. Das Post und Telegrafenwesen blieb beim Gesamtstaat, nur Bayern und Württemberg behielten ihre eigene Post- und Telegrafenverwaltung. Ab September 1873 erfolgte eine weitere Reorganisation des Berliner Postwesens. Die Postämter der Vororte verloren ihre Nummerierung und erhielten neben der Richtungsangabe ihren Ortsnamen zugeteilt. Auf Grund des schnellen Wachstums der Bevölkerung wurden jetzt in Berlin, Post-Zustellbezirke und Post-ämter gebildet, die eine fortlaufende Nummerierung, mit der Mitte der Stadt beginnend, erhielten. Die Nummerierung, die anfangs mit „99" endete, wurde später bis „115" fortgeführt. Zur besseren Zuordnung der Postbezirke wurden Großbuchstaben vor die Ziffern gesetzt, die sich an der Himmelsrichtung (Lage zum Stadtzentrum) orientierten. Ausgehend vom Hofpostamt Königstraße Ecke Spandauer Straße wurde damit das damalige Stadtgebiet von Berlin in neun Postbezirke eingeteilt, die nach Himmelsrichtungen (C, O, SO, S, SW, W, NW, N und NO) benannt wurden. Zunächst wurde hinter den Angaben der Himmelsrichtung (z. B. im Tagesstempel) jeweils ein Punkt gesetzt also C., N.O. oder S.W., später um die Jahrhundertwende wurden die Punkte weggelassen (also C, NO oder SW). Die Umbenennung erfolgte zum 1. Juli 1875. Diese Kennzeichnungen waren bis zur Einführung der vierstelligen Postleitzahlen im Jahr 1962 in der Bundesrepublik und 1965 in der DDR die postalischen Ortsbezeichnungen innerhalb der Berliner Innenstadt gültig.

Ab dem 1. Januar 1876 erfolgte die Einteilung der Postanstalten wie folgt:

- Postamt I. Klasse bisher Postamt ohne Zusatz
- Postamt II. Klasse bisher Postverwaltung
- Postamt III. Klasse bisher Post-Expedition
- Postagentur
- Posthülfsstellen

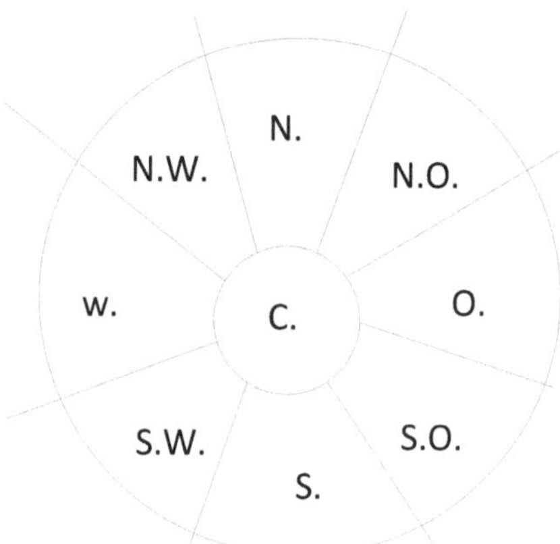

Berlin-Centrum – C.

C 1; C 2; C 14; C 22; C 23; C 25; C 43; C 45; C 53; C. 63; C 76; C 87; C 102; C 106; C 107

Berlin-Norden – N. (Stettiner Bahnhof)

N. 3; N. 4; N. 19; N. 20; N. 24; N. 28; N. 31; N. 37; N. 39; N. 54; N. 55; N. 58; N. 64; N. 65; N. 90; N. 91; N. 101; N. 103; N 106; N. 113; N. 115; N.-Pankow

Berlin-Nordosten – N.O.

N.O. 18; N.O. 26; N.O. 43; N.O. 47; N.O. 63; N.O. 74; N.O. 92; N.O. 96; N.O.-Weißensee; N.O.-Lindenberg

Berlin-Osten – O. (Schlesischer Bahnhof)

O.17; O. 34; O. 51; O. 67; O. 93; O. 98; O. 112; O.-Lichtenberg; O.-Friedrichsfelde, O.Friedrichsberg; O-Rummelsburg

Berlin-Südosten – S.O. (Görlitzer Bahnhof)

S.O. 16; S.O. 26; S.O. 32; S.O. 33; S.O. 36; S.O. 79; S.O. 82; S.O. 83; S.O. 89; S.O. 93; S.O. 105; S.O.-Rixdorf

Berlin-Süd – S.

S. 14; S. 15; S. 32; S. 42; S. 59; S. 73; S. 86; S. 88

Berlin-Südwesten – S.W (Anhalter Bahnhof)

S.W. 11; S.W. 12; S.W. 13; S.W. 19; S.W. 29; S.W. 32; S.W. 46; S.W. 47; S.W. 48; S.W. 60; S.W. 61; S.W. 68; S.W. 72; S.W. 75; S.W. 77; S.W. 80; S.W. 81; S.W. 95; S.W. 97; S.W. 98; S.W.-Tempelhof; S.W.-Südende;

Berlin-Westen – W.

W. 1; W. 8; W. 9; W. 10; W. 20; W. 30; W. 35; W. 38; W. 41; W. 44; W. 49; W. 50; W. 56; W. 57; W. 62; W. 64; W. 66; W. 69; W. 71; W. 73; W. 84; W. 85; W.-Wilmersdorf; W.-Schöneberg

Berlin-Nordwesten – N.W. (Hamburger Bahnhof)

N.W. 5; N.W. 6; N.W. 7; N.W. 21; N.W. 23; N.W. 40; N.W. 52; N.W. 64; N.W. 67; N.W. 87; N.W. 94; N.W. 100

4. The Berlin post offices from 1875 to 1920

On 1 January 1872, the Law on the Postal System, the Postal Tax System and the Postal Regulations of the Reichspost came into force. The postal and telegraph system remained with the state as a whole, only Bavaria and Württemberg retained their own postal and telegraph administration.

From September 1873, a further reorganisation of the Berlin postal system took place. The post offices in the suburbs lost their numbering and were assigned their place name in addition to the directional indication. Due to the rapid growth of the population, postal delivery districts and post offices were now formed in Berlin, which were numbered consecutively, beginning with the centre of the city. The numbering, which initially ended with "99", was later continued up to "115". For better allocation of the postal districts, capital letters were placed in front of the numbers, which were oriented to the compass direction (location to the city centre). Starting from the court post office on Königstraße at the corner of Spandauer Straße, the then city area of Berlin was thus divided into nine postal districts, which were named according to cardinal points (C, E, SO, S, SW, W, NW, N and NE). Initially, a dot was placed after the cardinal direction (e.g. in the daily postmark), i.e. C., N.O. or S.W.; later, around the turn of the century, the dots were omitted (i.e. C, NO or SW). The renaming took place on 1 July 1875. These designations were valid for the postal place names within the Berlin city centre until the introduction of four-digit postcodes in 1962 in the Federal Republic and 1965 in the GDR.

From 1 January 1876, the classification of the post offices was as follows:
– Post Office I. Class hitherto Post Office without addition
– Post office II. Klasse hitherto postal administration
– Post office III. class up to now Post-Expedition
– Postal agency
– Posthülfsstellen

Postamts-bezeichnung	Eröffnung/ seit	Anschrift
Berlin C. 1 Hofpostamt	**01.07.1875**	Spandauer Straße 19-24
Berlin C. 2 Briefpostamt	**01.07.1875**	Heiliggeiststraße 24-25
Berlin S.W. 19 vorher Berlin 1 1876 – Postamt I	**01.07.1875** 1879 1893 1900	Krausenstraße 42 Beuthstraße 18-21 Beuthstraße 17/22 Kommandantenstraße 7/9
Berlin C.22 vorher Berlin 2 1902 – Postamt I	**01.07.1875** 01.04.1890	Schönhauser Straße 2 Rosenthaler Straße 56 und Gormannstraße 29 *1916 geschlossen und 1919 aufgehoben*
Berlin N. 24 vorher Berlin 3 1872 – Postamt I	**01.07.1875**	Oranienburger Straße 35/36
Berlin N. 4 vorher Berlin 4 1876 – Postamt I	**01.07.1875**	Invalidenstraße 24/27
Berlin N.W. 5 vorher Berlin 5 1876 – Postamt I 1905 – Postamt I	**01.07.1875** 01.09.1889 26.09.1898	Hamburger Bahnhof *am 15.10.1884 aufgelöst* Rathenower Straße 74 Perleberger Straße 53
Berlin N.W. 6 vorher Berlin 6 1897 – Postamt I	**01.07.1875** 02.04.1882	Luisenstraße 22 Marienstraße 10
Berlin N.W. 7 vorher Berlin 7 1876 – Postamt I	**01.07.1875** 02.04.1882	Dorotheenstraße 28 Dorotheenstraße 22

Die Berliner Postämter von 1875 bis 1920

Postamts-bezeichnung	Eröffnung/ seit	Anschrift
Berlin **W. 8** vorher Berlin 8 1876 – Postamt I	**01.01.1872** um 1908 ab 1910	Taubenstraße 17 Taubenstraße 9 Französische Straße 9-12
Berlin **W. 9** vorher Berlin 9	**01.07.1875** 24.03.1889	Potsdamer Bahnhof Linkstraße 3
Berlin **W. 10** vorher Berlin 10 1901- Postamt I	**01.07.1875** 03.10.1886 um 1908 ab 1913	Königin-Augusta-Straße 30 Königin-Augusta-Straße 44 Lützowufer 13 Genthiner Straße 10
Berlin **S.W. 11** vorher Berlin 11	**01.07.1875** 11.12.1890	Anhalter Bahnhof Bahnhofstraße 3
Berlin <u>**S.W. 12**</u> vorher Berlin 12	**01.07.1875**	Zimmerstraße 26
Berlin **S.W. 13** vorher Berlin 13	**01.07.1875** 01.12.1876 04.10.1892	Hollmannstraße 13 Neuenburger Straße 33 Alte Jacobstraße 170
Berlin **S. 14** vorher Berlin 14	**01.07.1875** 01.04.1879 01.04.1885 01.04.1899 ab 1914	Alte Jakobstraße 75 Dresdener Straße 65 Neue Roßstraße 6 Dresdener Straße 55 Dresdener Straße 67
Berlin **S. 15** vorher Berlin 15	**01.07.1875** ab 1876 ab 1881 01.10.1889 ab 01.10.1900	Sebastianstraße 78 Prinzenstraße 40 Prinzenstraße 46 Sebastianstraße 14 *1899 aufgehoben* Berlin W.15 – siehe Seite 15

Postamts-bezeichnung	Eröffnung/ seit	Anschrift
Berlin S.O. 16 vorher Berlin 16 1880- Postamt I	**01.07.1875** ab 1876 16.01.1879 ab 1904	Adalbertstraße 35a Cöpenicker Straße 39a Cöpenicker Straße 122 Cöpenicker Straße 132
Berlin O. 17 vorher Berlin 17 1876 – Postamt I	**01.07.1875** ab 1881 ab 1906	Frankfurter Bahnhof Schlesischer Bahnhof Fruchtstraße 8/10
Berlin N.O. 18 vorher Berlin 18 1891 – Postamt I	**01.07.1875** 01.09.1885 ab März 1903 ab 1915	Waßmannstraße 35 Landsberger Straße 93 Lichtenberger Straße 22 Lichtenberger Straße 19
N.-Pankow vorher Berlin 19	**01.07.1875** ab April 1880	Breite Straße 25 Pankow *bei Berlin*
Berlin N. 20 vorher Berlin 20	**01.07.1875** ab 1878 01.04.1899 ab April 1914	Gesundbrunnen Badstraße 64a Prinzenallee 85 Stettiner Straße 55 Prinzenallee 84
Berlin N.W. 21 vorher Berlin 21 1883 – Postamt I	**01.07.1875** um 1877 01.10.1883 15.06.1891	Moabit Thurmstraße 28 Stromstraße 6/7 Thurmstraße 38 Turmstraße 23
W.-Schöneberg vorher Berlin 22	**01.07.1875** ab April 1880	*Hauptstraße 34* Schöneberg *bei Berlin*

Postamts-bezeichnung	Eröffnung/ seit	Anschrift
Berlin **C. 23** vorher Berlin 23	**01.07.1875** ab 1877 ab 1878 ab 1888 01.12.1890	Alte Leipziger Straße 50 Kurstraße 39 Kurstraße 40 *mit Postamt* **Berlin W 38** *vereinigt* *neu Berlin* N.W. 23 – *siehe Seite 47*
Berlin **N. 3** vorher Berlin 24 Paketpostamt	**01.07.1875**	Oranienburger Straße 70
Berlin **C. 25** vorher Berlin 25	**01.07.1875** 01.07.1887 ab 1905	Am Königsgraben 2 Am Königsgraben 20 Am Königsgraben 17
Berlin **S.O. 26** vorher Berlin 26 1894 – Postamt I	**01.07.1875** 01.10.1882 27.09.1892	Oranienstraße 182 Adalbertstraße 82 Adalbertstraße 94
Berlin **O. 27** vorher Berlin 27	**01.07.1875** 28.03.1893 24.03.1912	Wallnertheaterstraße 10 Blumenstraße 64a/65 Alexanderstraße 29/31
Berlin **N. 28** vorher Berlin 28 1898 – Postamt I	**01.07.1875** 15.12.1887 01.04.1902	Anklamer Straße 19 Anklamer Straße 27 Swinemünder Straße 96 *während des 1. Weltkriegs aufgehoben*
Berlin **S.W. 29** vorher Berlin 29 1901- ZwPA zu S.W. 61 1905 – Postamt I	**01.07.1875** ab 1877 27.09.1892 September 1904	Belle-Alliance-Straße 98 Baruther Straße 4 Nostizstraße 52 Bergmannstraße 92
O.-Lichtenberg vorher Berlin 30	**01.07.1875** ab April 1880	Magdalenstraße 3/4 und 10 Lichtenberg *bei Berlin*

Die Berliner Postämter von 1875 bis 1920

Postamts-bezeichnung	Eröffnung/ seit	Anschrift
O-Friedrichsfelde vorher Berlin 31	**01.07.1875** ab April 1880	Friedrichsfelde *bei Berlin*
S.O.-Rixdorf vorher Berlin 32	**01.07.1875** ab April 1880	Berliner Straße 45 Rixdorf *bei Berlin*
S.W.-Tempelhof vorher Berlin 33	**01.07.1875** ab April 1880	Tempelhofer Ufer 22 Tempelhof *bei Berlin*
Berlin **O. 34** vorher Berlin 34 1880 – Stadt-Postamt	**01.07.1875** 01.07.1886 ab 1896	Ostbahnhof Frankfurter Allee 102 Petersburger Straße 89
Berlin **W. 35** vorher Berlin 35 1892 – Postamt I	**01.07.1875** Oktober 1879 02.04.1889 14.03.1899 Oktober 1904	Potsdamer Straße 115 Potsdamer Straße 35 Potsdamer Straße 36 Lützowstraße 93 Körnerstraße 7/10
Berlin **S.O. 36** vorher Berlin 36 1901 – Postamt I	**01.07.1875** ab 1905 ab 1918	Görlitzer Bahnhof Wiener Straße 33a Wiener Straße 59i.
Berlin **N. 37** vorher Berlin 37 1897 – Postamt I	**01.07.1875** ab 1877 15.08.1886	Schönhauser Allee 173 Schwedter Straße 7 Schwedter Straße 263
Berlin **W. 38** vorher Berlin 38 1876 – Postamt I	**01.07.1875** 01.10.1888 1888	Jägerstraße 22 Taubenstraße 23a *mit Postamt* **Berlin C. 23** *vereinigt*

Postamts-bezeichnung	Eröffnung/ seit	Anschrift
Berlin **N. 39** vorher Berlin 39	**01.07.1875** ab 1879 01.07.1887 ab 1901	Chausseestraße 64a Chausseestraße 70 Reinickendorfer Straße 2 Schulzendorfer Straße 26
Berlin **N.W. 40** vorher Berlin 40 1876 – Postamt I	**01.07.1875** ab 1901	Lehrter Bahnhof *auch* Invalidenstraße 79
Berlin **W. 41** vorher Berlin 41 1876 – Postamt I	**01.07.1875** 1895 *ab 01.10.1895*	Mauerstraße 61/62 *aufgehoben* *Berlin* S.W. 41 *– siehe Seite 49*
Berlin **S. 42** vorher Berlin 42 1889– Postamt I	**01.07.1875** ab 1879 01.07.1889 04.09.1892	Ritterstraße 26 Ritterstraße 7 Prinzessinnenstraße 25 Ritterstraße 7
Berlin **N.O. 43** vorher Berlin 43 1893– Postamt I	**01.07.1875** 01.04.1886 01.04.1896	Neue Königstraße 70 Neue Königstraße 67 Neue Königstraße 70
Berlin **W. 44** vorher Berlin 44 1876 – Postamt I	**01.07.1875** 01.04.1892	Kronenstraße 41 Kronenstraße 39/40
Berlin **C. 45** vorher Berlin 45 1876 – Postamt I	**01.07.1875** ab 1879 27.09.1890 01.07.1908	Grünstraße 20 Scharrenstraße 12/13 Scharrenstraße 12/13 Roßstraße 29/30
Berlin **W. 46** vorher Berlin 46 1876 – Postamt I	**01.07.1875** *ab 05.12.1877*	Behrenstraße 5 *ab 30.09.1877 geschlossen* *Berlin* S.W. 46 *– siehe Seite 42*
N.O.-Weißensee vorher Berlin 47	**01.07.1875** ab April 1880	 Weißensee *bei Berlin*

Die Berliner Postämter von 1875 bis 1920

Postamts-bezeichnung	Eröffnung/ seit	Anschrift
Berlin S.W. 48 vorher Berlin 48 1903 – Postamt I	**01.07.1875** 30.10.1890	Friedrichstraße 231 Friedrichstraße 227
Berlin W. 49 vorher Berlin 49 1885 – Postamt I	**01.07.1875** 28.03.1900	Behrenstraße 52 Behrenstraße 22 *1910 aufgehoben*
Berlin S.O. 33 vorher Berlin 50 1898 – Postamt I	**01.07.1875** 01.04.1881 26.03.1891	Cöpenicker Straße 98 Pücklerstraße 57 Skalitzer Straße 74
Rummelsburg vorher Berlin 51	**01.07.1875**	Rummelsburg *bei Berlin*
Berlin Martinkenfelde vorher Berlin 52	**01.07.1875**	Kaiserin-Augusta-Allee 15
Berlin S.W. 32 vorher Berlin 53	**01.07.1875** 25.04.1887 01.05.1889 01.10.1890 01.12.1892 ab 15.07.1913	Hasenheide 7a Kottbuser Damm 27 Urbanstraße 89 Kottbuser Damm 42 Urbanstraße 85 *30.09.1906 aufgehoben* *Berlin O 32 – siehe dort*
O.-Friedrichsberg vorher Berlin 54	**01.07.1875** ab April 1880	Friedrichsberg *bei Berlin*
W.-Wilmersdorf vorher Berlin 55	**01.07.1875** ab April 1880	*Wilmersdorf bei Berlin*
N.O.-Lindenberg vorher Berlin 56	**01.07.1875** ab April 1880	Lindenberg *bei Berlin*

Postamts-bezeichnung	Eröffnung/ seit	Anschrift
W.-Friedenau vorher Berlin 57	**01.07.1875** ab April 1880	Lauterstraße 17 Friedenau *bei Berlin*
W.-Südende vorher Berlin 58	**01.07.1875** ab April 1880	 Südende *bei Berlin*
Berlin **W. 30** 1901 – Postamt I	**ab 1875** ab 1884 03.05.1892 15.03.1904	verlängerte Genthiner Straße 27 in Zietenstraße 27 umbenannt Gleditschstraße 47 Neue Winterfeldstraße 14
Berlin **N. 31** 1897 – Postamt I	**ab 1875** 28.09.1892	Usedomer Straße 77 Usedomer Straße 9
Berlin **W. 50**	ab 1875	Hotel Kaiserhof *am 30.09.1890 aufgelöst*
Berlin **O. 51**	**01.07.1875** ab 1877 01.10.1881	Kleine Andreasstraße 10 Andreasplatz Andreasstraße 32
Berlin **N.W. 52**	**01.07.1875**	Hotel de Rome Unter den Linden *am 31.12.1980 aufgelöst*
Berlin **C. 53**	**01.04.1876** *ab 01.07.1892*	Seydelstraße 11 *September 1887 aufgelöst* *Berlin S. 53 - siehe Seite 48*
Berlin **N. 54** 1902- Postamt I	**01.04.1876** ab 1890 01.10.1902	Lothringer Straße 61 Lothringer Straße 62 Lothringer Straße 44/45

Postamts- bezeichnung	Eröffnung/ seit	Anschrift
Berlin **N. 55**	**01.04.1876**	Invalidenstraße 70a
	01.04.1877	Invalidenstraße 111
		am 31.12.1898 aufgelöst
Berlin **S.W. 46** ZwPA zu S.W. 11 1894 – Postamt I	**05.12.1877**	Möckernstraße 141
	ab 1890	Hallesche Straße 11
Berlin **W. 56**	**01.04.1878**	Französische Straße 33 d
		(Haupt-Telegraphenamt)
Berlin **W. 57**	**01.07.1878**	Bülowstraße 33
	01.04.1889	Steinmetzstraße 21
Berlin **N. 58**	**September 1878**	Schönhauser Allee 45
	05.04.1888	Danziger Straße 3
	01.04.1917	Eberswalder Straße 6/9
Berlin **S. 59**	**September 1878**	Grimmstraße 15
	01.10.1891	Böckhstraße 11
Berlin **S.W. 60** ZwPA zu S.W. 12	**September 1878**	Junkerstraße 11
		1905 aufgehoben
	ab 01.04.1907	Berlin N. 60 – siehe Seite 50
Berlin **S.W. 61** 1901 – Postamt I	**ab April 1879**	Am Halleschen Thor
	26.03.1889	Belle-Alliance-Platz 9
Berlin **W. 62**	**01.10.1879**	Wichmannstraße 2
	01.05.1882	Schillstraße 6
	16.11.1887	Schillstraße 14
	29.11.1896	Landgrafenstraße 42
Berlin **C. 63**	**November 1879**	Neue Friedrichstraße 14/17
	01.05.1896	Neue Friedrichstraße 12
Berlin **N. 65** 1905 – Postamt I	**01.07.1880**	Schulstraße 7
	September 1899	Nazerethkirchstraße 49a

Die Berliner Postämter von 1875 bis 1920

Postamts- bezeichnung	Eröffnung/ seit	Anschrift
Berlin **W. 64** 1910 ZwPA zu W 8	**01.09.1880** 01.10.1880 01.04.1910	Unter den Linden 5 Unter den Linden 12 Unter den Linden 16 *1920 aufgehoben*
Berlin **N.W. 66**	**01.09.1880** *ab 06.12.1897*	Georgenstraße 25 *am 30.09.1895 aufgelöst* *Berlin W. 66 –siehe Seite 49*
Berlin **N.W. 70** ZwPA zu N.W. 6	**01.10.1880** 01.10.1892	Schiffbauerdamm 3 Schiffbauerdamm 4 *1918 geschlossen und 1920 aufgehoben*
Berlin **W. 71** ZwPA zu W. 9	**01.10.1880** September 1915	Schöneberger Ufer 25 Potsdamer Straße 31 *1923 aufgehoben*
Berlin **S.W. 72** Zweigstelle zu S.W. 11	**01.10.1880** 01.04.1892 ab 1903	Hedemannstraße 8 Wilhelmstraße 124 Wilhelmstraße 9 *1916 geschlossen und 1920 aufgehoben*
Berlin **N.O. 74** ZwPA zu N.O. 18	**01.10.1880** 01.04.1906	Heinehof 2 ab 1883 Straßenumbenennung Fürstenwalder Straße 2 Braunsberger Straße 14
Berlin **S.W. 75** ZwPA zu S.W. 19	**01.10.1880** September 1887 ab 1912	Beuthstraße 14 Krausenstraße 31 Schützenstraße 53
Berlin **C. 76**	**01.10.1880**	Hackescher Markt 4
Berlin **C. 77**	**01.10.1880**	Linienstraße 74 *am 30.09.1908 aufgehoben* *ab 01.04.1914* *Berlin S.W. 77 – siehe Seite 50*

Postamts- bezeichnung	Eröffnung/ seit	Anschrift
Berlin C. 78 Zweigstelle zu C. 25	**01.10.1880** 01.08.1897	Alexanderstraße 33 Kaiserstraße 25a *am 23.03.1912 aufgehoben*
Berlin S.O. 79 Zweigstelle zu S.O. 26	**01.10.1880** *ab 01.04.1914*	Elisabeth-Ufer 42 *Berlin S.W. 77 – siehe Seite 50*
Berlin S.W. 80 ZwPA zu S.W. 29	**01.10.1880** 01.10.1892 01.12.1901 *ab 01.11.1905*	Solmsstraße 15 Friesenstraße 22 Willibald-Alexis-Straße 33 *1904 aufgehoben* *Berlin W. 80 – siehe Seite 50*
Berlin S.O. 82 ZwPA zu S.O. 36	**01.10.1880** 01.04.1881	Pücklerstraße 57 Köpenicker Straße 98 *1916 geschlossen und 1920 aufgehoben*
Berlin S.O. 83 ZwPA zu S.O. 36	**01.10.1880** ab 1883 31.03.1891 ab 1902	Schlesische Straße 35 Schlesische Straße 41 Pücklerstraße 57 Pücklerstraße 47 *seit 1921 aufgehoben*
Berlin S. 86 ZwPA zu S. 42	**01.10.1880** 01.10.1894	Wasserthorstraße 22 Wasserthorstraße 33 *1920 aufgehoben*
Berlin C. 87 Zweigstelle zu C. 45	**01.10.1880** *ab 01.10.1894*	Fischerstraße 43 *am 31.03.1887 aufgelöst* *Berlin N.W. 87 – siehe dort*
Berlin S.W. 81 ZwPA zu S.W. 29	**15.10.1880** *seit 01.10.1900*	Hagelberger Straße 13 *seit 1886 geschlossen* *Berlin W. 81 – siehe Seite 47*

Postamts-bezeichnung	Eröffnung/ seit	Anschrift
Berlin **W. 84** ZWPA zu W. 8	**15.10.1880**	Krausenstraße 6/7 *am 31.12.1897 aufgelöst*
	seit 01.10.1900	*Berlin S. 84 – siehe Seite 50*
Berlin **S. 88** ZwPA zu S. 14	**15.10.1880** 01.10.1910	Alte Jacobstraße 87/88 Alte Jakobstraße 54/55 *1921 aufgehoben*
Berlin **O. 93** ZwPA zu O. 17	**15.10.1880** 01.07.1886 01.10.1986	Große Frankfurter Straße 131 im Gebäude Ostbahnhof Rüdersdorfer Straße 3 *am 31.12.1909 aufgehoben*
	ab 01.04.1913	*Berlin S.O. 93 – siehe Seite 50*
Berlin **N. 90** ZwPA zu N. 28 ab 01.10.1902 ZwPA zu N. 31	**15.11.1880** 30.09.1890 ab 1895 01.10.1902	Brunnen-/Ecke Invalidenstraße 1 Veteranenstraße 24 Veteranenstraße 23 Anklamer Straße 43
Berlin **N. 91** Zweigstelle zu N. 54	**15.11.1880** ab 1883	Ackerstraße 16 Elsässer Straße 72 *am 30.11.1902 aufgehoben*
	ab 01.06.1904	*Berlin W. 91 – siehe Seite 50*
Berlin **N.O. 92** Zweigstelle zu N.O. 18	**15.12.1880** 01.10.1885 01.04.1898 ab 1913	Landsberger Straße 40 Landsberger Straße 93 Elbinger Straße 1 Elbinger Straße 88
Berlin **N.O. 96** *Zweigstelle zu N.O. 43*	**15.12.1880**	Greifswalder Straße 8 *ab 01.01.1899 in* **Berlin N.O. 55** *umbenannt*
	ab 02.01.1899	*Berlin N. 96 – siehe Seite 49*

Die Berliner Postämter von 1875 bis 1920

Postamts- bezeichnung	Eröffnung/ seit	Anschrift
Berlin **S. 85** ZwPA zu S. 42	**01.01.1881** 01.10.1888	Oranienstraße 129 Oranienstraße 72 *1921 aufgehoben*
Berlin **S.W. 95**	**01.01.1881** 01.12.1901 ab 1913	Teterower Straße 53 Wartenburgstraße 15a Wartenburgstraße 9 *1916 geschlossen und 1919 aufgehoben*
Berlin **S.W. 97** ZwPA zu S.W. 12	**15.01.1881** ab 1900 ab 1910	Kochstraße 75 Kochstraße 73 Kochstraße 5 *1921 aufgehoben*
Berlin **N.W. 52**	neu **ab 1881** 04.10.1892 ab 1903	Alt-Moabit 11/12 Werftstraße 7 Paulstraße 7
Berlin **O. 67** ZwPA zu O. 34	**01.03.1881**	Zentralviehhof Landsberger Chaussee an der Eldenaer Straße 69/75
Berlin **O. 98** Zweigstelle zu O. 51	**15.03.1881** ab 15.12.1882	Andreasstraße 32 *aufgelöst am 30.09.1881* *Berlin S.W. 98 – siehe S. 47*
Berlin **S.O. 89** ZwPA zu S.O. 36	**06.04.1881** 01.04.1899	Reichenbergerstraße 150 Reichenbergerstraße 148 *1921 aufgehoben*
Berlin **N.W. 94** ZwPA zu N.W. 7	**16.04.1881** 15.04.1891 ab 01.07.1896	Mittelstraße 7 Mittelstraße 8 *im Oktober 1895 aufgelöst* *Berlin O. 94 - siehe Seite 49*

Postamts- bezeichnung	Eröffnung/ seit	Anschrift
Berlin **S.W. 68** 1898 – Postamt I	**15.10.1881** ab Juli 1884 ab Mai 1892 seit 1905	Oranienstraße 90/91 Alte Jacobstraße 113 Oranienstraße 90 Lindenstraße 30
Berlin **O. 99** ZwPA zu O. 27	**15.11.1881** 01.01.1898 ab 1908 ab 1912	Holzmarktstraße 73 Schicklerstraße 2 Schicklerstraße 13 Blumenstraße 80/81
Berlin **N.W. 100** 1882 - ZwPA zu N.W. 6 1903 - ZwPA zu N.W. 40	**15.03.1882** 01.04.1903	Luisenstraße 6 Platz vor dem neuen Tore 3 *1916 geschlossen und 1920 aufgehoben*
Berlin **S.W. 98**	**15.12.1882** 02.10.1892 *ab 01.11.1906*	Luckenwalder Straße 10 Tempelhofer Ufer 35 *aufgelöst am 30.09.1901* *Berlin O. 98 – siehe Seite 50*
Berlin **S. 73** ZwPA zu S. 14	**01.10.1883** 01.10.1885 01.04.1899 *ab 02.06.1913*	Wallstraße 76 Annenstraße 3 Wallstraße 70/71 *seit September 1908 aufgehoben* *Berlin W. 73 – siehe Seite 50*
Berlin **W. 69** ZwPA zu W. 50	**ab April 1885** 15.05.1895	Burggrafenstraße 13 Kurfürstenstraße 101 *seit 1923 aufgehoben*
Berlin **N.W. 23**	**01.12.1890** 10.08.1895	Lessingstraße 7/8 Lessingstraße 6
Berlin **W. 81** ZwPA zu W. 50	**01.04.1892** seit 1908 seit April 1913	Bülowstraße 92 Bülowstraße 101 Zietenstraße 27

Postamts-bezeichnung	Eröffnung/ seit	Anschrift
Berlin **S. 53**	**01.07.1892**	Wilmsstraße 5
		seit 1921 aufgehoben
Berlin **N. 101** Zweigstelle zu N. 24	**01.07.1892**	Elsasser Straße (am Oranienburger Tor)
	seit 1908	Elsasser Straße 45/46
		1917 geschlossen und 1920 aufgehoben
Berlin **C. 102** Zweigstelle zu C. 22	**01.07.1892**	Neue Schönhauser Straße 1
	01.07.1901	Münzstraße 30
		von 1917 bis 1919 geschlossen
		1919 wiedereröffnet
Berlin **N. 103** Zweigstelle zu N. 31	**01.07.1892**	Putbusser Straße 20
	01.04.1917	Senefelder Straße 30
Berlin **W. 104** Zweigstelle zu W. 35	**01.07.1892**	Magdeburger Platz 6
	15.12.1896	Genthiner Straße 37
	01.07.1913	Friedrich-Wilhelm-Straße 10
Berlin **C. 106** ZwPA zu S.W. 19	**01.08.1892**	Niederwallstraße 33
		am 30.09.1895 aufgehoben
		ab 01.11.1901 Berlin N. 106 – siehe Seite 106
Berlin **W. 107** ZwPA zu W. 8	**01.08.1892**	Mohrenstraße 63/64
		am 30.09.1913 geschlossen
Berlin **S.O. 105** Zweigstelle zu S.O. 26	**01.09.1892**	Waldemarstraße 17
		1916 bis 1919 geschlossen und 1921 aufgehoben
Berlin **N.W. 108** Zweigstelle zu N.W. 87	**01.09.1892**	Waldstraße 11
	01.10.1906	Wiclefstraße 52
Berlin **O. 109** ZwPA zu O. 17	**01.10.1892**	Krautstraße 36
		1916 geschlossen und 1919 aufgehoben

Postamts-bezeichnung	Eröffnung/ seit	Anschrift
Berlin **S. 79** ZwPA zu S. 42	**01.10.1893** 01.10.1898	Dresdner Straße 118 Luckauer Straße 14 *1919 aufgehoben*
Berlin **W. 110**	**01.02.1894**	Yorckstraße 44a *1916 geschlossen und 1920 aufgehoben*
Berlin **W. 50** 1901 – Postamt I	**01.04.1894** ab 1906	Marburger Straße 12 *auch* Marburger Straße 7
Berlin **S.W. 47**	**18.06.1894** seit 1905	Hagelberger Straße 49 Hagelberger Straße 24
Berlin **C. 111** Zweigstelle zu W. 38	**15.07.1894**	Reichsbankgebäude Kurstraße 1-13 *ab 1903 Berlin S.W. 111 – siehe Seite 50*
Berlin **N.W. 87**	vorher **01.10.1894**	Martinikenfelde Beusselstraße 2
Berlin **C. 47**	**01.10.1895**	Kurstraße 18/19
Berlin **O. 112** 1909 – Postamt I	**01.04.1896** November 1901	Friedrich-Karl-Straße 34 Gabelsberger Straße 16
Berlin **O. 94** ZwPA zu O. 17	**01.07.1896** seit 1902 01.11.1910	Große Frankfurter Straße 6 Große Frankfurter Straße 2 Friedenstraße 80
Berlin **W. 66** 1905 – Postamt I	**06.12.1897**	Mauerstraße 69/75
Berlin **N.O .55**	**02.01.1899** 01.04.1899 01.04.1915	Greifswalder Straße 8 Winsstraße 19 Marienburger Straße 18/19
Berlin **N. 96**	**02.01.1899**	Schwarzkopfstraße/ Chausseestraße 36/37 *1916 geschlossen und 1920 aufgehoben*
Berlin **W. 15** 1904 - Postamt I	**01.10.1900**	Uhlandstraße 42

Die Berliner Postämter von 1875 bis 1920

Postamts-bezeichnung	Eröffnung/ seit	Anschrift
Berlin **S. 84** ZwPA zu S. 59	**01.10.1900**	Camphausenstraße 20
Berlin **N. 106**	**01.06.1901** seit 1912 01.04.1917	Stargarder Straße 6 Greifenhagener Straße 74 Schönhauser Allee 127a
Berlin **S.W. 111**	**ab 1903** ab 1920	Reichsbankgebäude Kurstraße 1-13 Kurstraße 36-51
Berlin **W. 91**	**01.06.1904**	Barbarossastraße 5 *1917 aufgehoben*
Berlin **N. 113** Zweigstelle zu N. 58	**seit 1905** 01.04.1911	Schönhauser Allee 105 Bornholmer Straße 6
Berlin **W. 80** ZwPA zu W. 50	**01.11.1905** 05.05.1911	Prager Straße 28 Prager Straße 13
Berlin **O. 98**	**01.11.1906**	Stralauer Allee 34a
Berlin **N. 60**	**01.04.1907**	Schwedenstraße 5 *1921 aufgehoben*
Berlin **N. 49**	**ab 1912**	Müllerstraße 55
Berlin **W. 73**	**02.06.1913**	Elßholzstraße 32
Berlin **O. 32**	**15.01.1913**	Gryphiusstraße2 (bisher Berlin-Rummelsburg 2)
Berlin **S.O. 93** ZwPA zu S.O. 36	**01.04.1913**	Plesser Straße 7
Berlin **S.W. 77** 1917 – Postamt I	**01.04.1914**	Luckenwalder Straße 4/5
Berlin W **114**	nach 1920	siehe Seite 94
Berlin **N 115**	nach 1920	siehe Seite 94

5. Die Postämter der Berliner Vororte bis 1920

Neben den Berliner Postämtern sind in den Berliner Adressbüchern und dem Telefonbüchern ab 1880 weitere Postanstalten angrenzender Städte und Gemeinden verzeichnet. Viele Orte des Berliner Randgebietes waren schon städtebaulich mit der Stadt verschmolzen. Darüber hinaus gehörten Postanstalten zur OPD Berlin, die später nicht zum Stadtgebiet von Groß-Berlin gehörten.

Am 1. April 1912 wurde der Zweckverband Groß-Berlin zur gemeinsamen Lösung kommunaler Aufgaben gegründet. Dieser berücksichtigte auch die Belange der Post. Die Postämter des Zweckverbandes außerhalb Berlins wurden als Berlin und dem Zusatz der jeweiligen Stadt- oder Landgemeinde bzw. dem Gutsbezirk bezeichnet.

Die territoriale, politische Eingemeindung erfolgte erst 1920 als acht Stadtgemeinden, 59 Landgemeinden und 28 Gutsbezirke sich zur Stadt Berlin (Groß-Berlin) vereinigten.

***

In addition to the Berlin post offices, other post offices in neighbouring towns and communities are listed in the Berlin address books and telephone directories from 1880 onwards. Many places on the outskirts of Berlin were already integrated into the city in terms of urban development. In addition, post offices belonged to the OPD Berlin, which later did not belong to the urban area of Greater Berlin.

On 1 April 1912, the Zweckverband Groß-Berlin was founded for the joint solution of municipal tasks. This also took into account the interests of the post office. The post offices of the special-purpose association outside of Berlin were designated as Berlin and the addition of the respective city or country municipality or the estate district.

The territorial, political incorporation did not take place until 1920, when eight city municipalities, 59 rural municipalities and 28 estate districts united to form the city of Berlin (Groß-Berlin).

51

Ort	Eröffnung/seit	Anschrift
Adlershof 1880 Pag zu Rixdorf 1884 zu Johannisthal- Nieder-Schöneweide 1890 – Postamt III 1905 – Postamt II	16.08.1880 31.03.1891 seit 1908	Bismarckstraße 59 Bismarckstraße 59a Radickestraße 6
Ahrensfelde *bei* *Berlin*	seit 1881	*Abrechnungspostamt O. 17*
Alt-Glienicke *bei Berlin* *Postagentur* *1908 – Postamt II*	01.05.1886	Rudower Straße 61
Amalienhof Posthilfsstelle	01.12.1919	*Gärtnerstraße 4*
Baumschulenweg	*01.04.1896* *01.08.1897* *15.03.1898* *27.09.1899* **01.04.1912**	Baumschulenstraße 84 Baumschulenstraße 23 **Baumschulenweg bei** **Berlin** Baumschulenstraße 17 **Berlin-Baumschulenweg**
Biesdorf *1886 – Postagentur* *1913 – Postamt III* *zu PA Friedrichsfelde*	01.05.1886 ab 1887 ab 1894 ab 1898 ab 1900 18.08.1913	Dorfstraße 60 Alt-Biesdorf 67 Alt-Biesdorf 21-22 Dorfstraße 30 Dorfstraße 60 **Biesdorf bei Berlin** Marzahner Straße 11
Biesdorf Süd *bei Berlin*	seit 1915	

Ort	Eröffnung/seit	Anschrift
Blankenburg (Mark) Postagentur zu PA Französisch Buchholz 06.08.1899 OPD Potsdam ab 01.10.1901 OPD Berlin	ab 1890	Dorfstraße 11b
Blankenfelde *bei Berlin* *Postagentur zu Berlin N. 4*	01.07.1890	Dorfstraße
Bohnsdorf (Kr. Teltow)	22.04.1908	Dorfplatz 18
Borsigwalde *bei Berlin* *1908 – Postamt III* *zu PA Tegel*	01.04.1906 ***01.04.1912***	Spandauer Straße 117 ***Berlin-Borsigwalde***
Boxhagen- Rummelsburg 1 1907 – Postamt I	*01.08.1906* *seit 1911* ***31.12.1912***	Prinz-Albert-Straße 8 Prinz-Albert-Straße 27 ***Berlin-Rummelsburg 1***
Boxhagen- Rummelsburg 2 Postzweigstelle	01.08.1906 15.01.1913	Gryphiusstraße 20 **Berlin O. 32**
Britz *bei Berlin* *Postagentur/Kr. Teltow* *1892 – Postamt III* *1907 – Postamt II*	01.01.1876 1886 17.12.1899 01.10.1910 ***01.04.1912***	Chausseestraße 115 Chausseestraße 29 Chausseestraße 38 Chausseestraße 43 ***Berlin-Britz***
Buch (Bz. Potsdam) Postagentur 1907 – Postamt III	01.07.1882	Dorfstraße 23

Ort	Eröffnung/seit	Anschrift
Buchholz		*siehe Französich-Buchholz*
	01.11.1913	***Berlin-Buchholz***
		Berliner Straße 8
Buckow *bei Berlin* *Postagentur zu PA Britz*	01.04.1880 ab 15.02.1917	Chausseestraße 33 vorübergehend geschlossen
Carlshorst bis August 1901	April 1897 seit 1898	Wildensteinstraße 22 Wildensteinstraße 21 ***siehe Karlshorst***
Caulsdorf		***siehe Kaulsdorf***
Charlottenburg OPD Potsdam 1880 – Postamt I OPD Berlin	seit 1797 01.07.1875 seit 1850 seit 1909	Post-Expedition **Charlottenburg 1** Berliner Straße 62 Berliner Straße 63/64
Charlottenburg 2 1882 - Postamt I	01.04.1875 01.11.1882	Berliner Straße 146 Goethestraße 2-3
Charlottenburg 3 (vormals Charlottenburg 2) Postzweigstelle zu PA Charlottenburg 2	*01.11.1882* *seit 1901* *15.08.1920*	Berliner Straße 146 Bismarckstraße 3 *von 1916 bis 1919 schlossen* *aufgehoben*
Charlottenburg 4 Zweigstelle von PA Charlottenburg 1 1904 – Postamt I	09.01.1893 01.08.1896	Wilmersdorfer Straße 57 Kantstraße 50
Charlottenburg 5 Stadtpostamt 1906 – Postamt I	15.11.1896	Schloßstraße 24-25

Ort	Eröffnung/seit	Anschrift
Charlottenburg 6 Postzweigstelle zu PA Charlottenburg 5	01.10.1903 01.10.1908	Leonhardtstraße 22 Neue Kantstraße 1
Charlottenburg 7	01.04.1910 seit April 1914	Leibnizstraße 54 Leibnizstraße 56
Charlottenburg 8 Zweigstelle zu Charlottenburg 1	seit 1912	Keplerstraße 43
Charlottenburg 9	01.10.1913	Kaiserdamm 33
Charlottenburg 10 vorher PA Westend Zweigstelle zu Charlottenburg 5	01.10.1913	Spandauer Berg 18
Cladow (Havel)	*seit 1891*	OPD Potsdam
Cöpenick 1850 -Post-Expedition II 1867 - Post-Expedition I	30.10.1817 seit 1850 seit 1867 16.08.1876 seit 1893	Freiheit 12 ***Köpenick*** *OPD Potsdam* Freiheit 12 ***Cöpenick*** Lindenstraße 10
Dahlem bei Berlin Posthilfsstelle 1918 – Postamt II	ab 1911 **01.04.1912** 01.06.1918	 **Berlin-Dahlem** Königin-Luise-Straße 31
Dalldorf Postagentur	01.07.1881 seit 1890 23.08.1905	Rosenthaler Straße 43 ***Dalldorf (Bz. Berlin)*** ***Wittenau (Bz. Berlin***

Ort	Eröffnung/seit	Anschrift
Dreilinden	15.05.1879	Anstelle Pg Wannsee Bahnhof
	März 1884	**Wannsee 1**
Falkenberg bei Berlin	seit 1883	
Posthilfsstelle 1907 – Postagentur zu O. 17	01.05.1907	Dorfstraße 34
Französisch-Buchholz	01.04.1864	OPD Potsdam
	seit 1901	Hauptstraße 14 OPD Berlin
Postexpedition II. Klasse 1876 – Postamt III	01.11.1913	Berliner Straße 8 **Berlin-Buchholz**
Friedenau vorher Post-Expedition Nr. 57 Postagentur 1879 – Postamt III 1894 – Postamt II 1898 – Postamt I seit 1907 PA Nr. 1	01.07.1875	Berlin W.-Friedenau Lauterstraße 18
	01.02.1879	Rheinstraße 4
	seit 1880	**Friedenau** bei Berlin
	01.04.1888	Rheinstraße 16
	28.06.1902	Lauterstraße 14-15
	seit 1903	Niedstraße 50/41
	Nov. 1906	**Friedenau 1**
	01.04.1912	**Berlin-Friedenau 1**
	01.10.1918	Handjerrystraße 33/36
Friedenau bei Berlin **2**	Nov. 1906	Cranachstraße 8-9
	01.04.1912	**Berlin-Friedenau 2**

Ort	Eröffnung/seit	Anschrift
Friedrichsberg bei Berlin Post-Expedition 1876 – Postamt IIi 1902 – Postamt II	vorher	Post-Expedition Nr. 54
	01.07.1875	**Berlin O-Friedrichsberg** Frankfurter Allee 176
	seit 1880	**Friedrichsberg** *bei Berlin*
	März 1896	Frankfurter Chaussee 89
		umbenannt in
	01.06.1906	**Lichtenberg 1** *bei Berlin*
Friedrichsfelde Post-Expedition 1876 – Postamt III 1902 – Postamt II 1912 – wieder Postamt III	vorher	Post-Expedition Nr. 31
	01.07.1875	**Berlin O-Friedrichfelde** Berliner Straße 79
	seit 1880	**Friedrichsfelde** *bei Berlin*
	22.06.1885	Berliner Straße 36
	23.02.1891	Berliner Straße 88
	vor 1903	Berliner Straße 105
	01.04.1912	**Berlin-Friedrichsfelde**
Friedrichsfelde Magerviehhof Zweigstelle zu PA Friedrichsfelde	01.07.1903	Marzahner Chaussee
	01.04.1912	**Berlin-Friedrichsfelde Magerviehhof**
Friedrichshagen (Bz. Potsdam) Post-Expedition 1871 – Postagentur 1876 – Postamt III 1895 – Postamt II 1903 – Postamt I	Dez. 1865	Am Bahnhof (OPD Potsdam) Cöpenicker Straße 29 Cöpenicker Straße 27
	01.04.1890	Friedrichstraße 70
Frohnau (Mark) 1913 – Postamt III	10.04.1911	Bahnhofsplatz 6

Ort	Eröffnung/seit	Anschrift
Gatow (Havel) OPD Potsdam 1917 – OPD Berlin	01.04.1899	Dorfstraße
Glienicke über Hermsdorf	1894 1904	Posthülfsstelle Postagentur
Großbeeren Post-Expedition II 1902 – Postamt III	seit 1867 1901	OPD Potsdam OPD Berlin Dorfstraße 49 a
Groß-Glienicke (Osthavelland)	19.04.1886 1924	Dorfstraße 12 aufgehoben
Groß-Lichterfelde (Anhalter Bahn) OPD Potsdam Post-Expedition II 1876 – Postamt III 1899 – Postamt I 1901 – OPD Berlin ab 1903 PA Nr. 1	seit 1869 01.09.1876 seit 1903 **01.04.1912**	Bahnhof (Anhalter Bahnhof Bahnhofstraße **Groß-Lichterfelde 1** Bismarkstraße 3 **Berlin-Lichterfelde 1**
Groß-Lichterfelde (Kadettenanstalt) ab 1903 Nr. 2 Zweigstelle zu PA Nr. 1 1901 – OPD Berlin	01.09.1878 vor 1910 **01.04.1912**	Haupt-Kadettenanstalt Zehlendorfer Damm 41-44 Zehlendorfer Straße 52 **Berlin-Lichterfelde 2**
Groß-Lichterfelde (Potsdamer Bahn) ab 1903 Nr. 3 Zweigstelle zu PA Nr. 1	01.06.1888 vor 1910 **01.04.1912** ab 1919	Kyllmannstraße 13 Drakestraße 32 **Berlin-Lichterfelde 3** Steglitzer Straße 31

Ort	Eröffnung/seit	Anschrift
Groß-Lichterfelde 4 Zweigstelle zu PA Nr. 1	Seit 1905 **01.04.1912** 16.11.1914	Chausseestraße 40 **Berlin-Lichterfelde 4** *Straßenumbenennung* Hindenburgdamm 40
Groß-Ziethen über Britz	15.06.1882 seit 1891	 **Groß-Ziethen** bei Berlin
Grünau (R.B. Potsdam) 1869 – Postexpedition 1872 – Postagentur 1876 – Postamt III 1898 – Postamt II	01.05.1869 1867 1920	Auf dem Bahnhof OPD Potsdam **Grünau (Mark)** Wilhelmstraße 17
Grunewald (Bz. Berlin) Postagentur 1894 – Postamt III 1903 – Postamt II 1906 – Postamt I	01.08.1891 01.04.1894 seit 1895 01.07.1898 **01.04.1912**	Herthastraße 16 Hubertusallee 3 **Grunewald** *bei Berlin* Bismarckallee 24 **Berlin-Grunewald**
Grunewald Rennplatz (Bz. Berlin) Posthilfsstelle	seit 1909 **01.01.1912** 1913 23.05.1919	Rennplatz **Berlin-Grunewald** Rennplatz geschlossen Rennplatz
Halensee 1898 – Postamt III 1904 – Postamt II 1907 – Postamt I	01.04.1898 **01.04.1912** 01.10.1912	Ringbahnstraße 131-132 **Berlin-Halensee** Katharinenstraße 27
Haselhorst Postagentur Abrechnungspostant Spandau 1	16.06.1894 01.12.1917	Stöckelstraße 5 OPD Potsdam vorübergehend geschlossen OPD Berlin

Ort	Eröffnung/seit	Anschrift
Heiligensee (Havel) Postagentur zu PA Tegel	01.05.1895 seit 1901	Dorfstraße 4 (OPD Potsdam) OPD Berlin
Heinersdorf *bei Berlin* Postagentur zu PA Weißensee 1	01.04.1906 **01.04.1912**	Rothenbachstraße 32 **Berlin-Heinersdorf**
Hermsdorf (R.Bz. Potsdam) *bei Berlin* 1865 – Post-Expedition II 1871 – Postagentur 1890 – Postamt III	01.07.1865 1892 1901	Glienickestraße 3 OPD Potsdam **Hermsdorf (Mark)** Schloßstraße 29 OPD Berlin
Hönow Postagentur	seit 1880 seit 1920	OPD Potsdam OPD Berlin
Hohenschönhausen *bei Berlin* 1881 – Postagentur zu N.O. 18	01.04.1881 01.04.1909 **01.04.1912**	Orankestraße 15 Abrechnungspostamt PA Wilhelmsberg **Berlin-Hohenschönhausen**
Hoppegarten (Mark) Postagentur 1900 – Postamt II	seit 1878 seit 1901 seit 1911	OPD Potsdam An der neuen Promenade OPD Berlin **Hoppegarten** *bei Berlin* Poststraße
Hoppegarten Rennplatz Zweigstelle zu PA Hoppegarten	seit 1902 seit 1911	Rennplatz **Hoppegarten** *bei Berlin* Rennplatz

Ort	Eröffnung/seit	Anschrift
Johannisthal	seit 1880	Parkstraße 2
bei Berlin	seit ca. 1908	Kaiser-Wilhelm-Straße 17
Postagentur	**01.11.1913**	**Berlin-Johanisthal**
1905 -Postamt III		
Karlshorst (Bz.	01.04.1897	Wildensteiner Straße 1
Berlin)	01.05.1998	Wildensteiner Straße 21
(bis August 1901 –	**01.04.1912**	**Berlin-Karlshorst**
Carlshorst)		
1901 – Postamt III		
1907 – Postamt II		
Karlshorst Rennplatz	09.05.1894	Rennplatz
Zweigstelle zu		
PA Friedrichsfelde		
Karow *bei Berlin*	01.10.1907	Bahnhofstraße 22
Postagentur		
Kladow		siehe Cladow
Kaulsdorf	05.05.1878	Bahnhof Caulsdorf
		OPD Potsdam
Postagentur zu	15.10.1881	**Kaulsdorf**
PA Hoppegarten	05.04.1884	Dorfstraße 36/37
	seit 1901	OPD Berlin
	01.10.1910	Wilhelmstraße 22
1910 – Postamt III	ca. 1913	**Kaulsdorf** *bei Berlin*
Klein-Glienicke	28.05.1881	
(Kreis Teltow)	**01.01.1926**	**Neubabelsberg 2**
Köpenick		siehe Cöpenick

Ort	Eröffnung/seit	Anschrift
Lankwitz (Kreis Teltow) Postagentur	01.05.1892	Hauptstraße 7
	seit 1897	Marienfelder Straße 2
	Anfang 1900	Victoriastraße 20/28
		Marienfelder Straße 2
	ca. 1903	Mühlenstraße 2
	01.04.1909	**Lankwitz** *bei Berlin*
	01.04.1911	**Berin-Lankwitz**
	01.04.1912	
Lichtenberg *bei Berlin* Postagentur zu C. 25 1884 – Postamt III	vorher	Post-Expedition Nr. 30
	01.07.1875	**Berlin O.-Lichtenberg**
	seit 1880	**Lichtenberg** *bei Berlin* Dorfstraße 2
	01.06.1906	**Lichtenberg 2** *bei Berlin*
Lichtenberg 1 *bei Berlin*	vorher	**Friedrichsberg** *bei Berlin*
	01.06.1906	Frankfurter Chausee 131-132
	01.11.1910	Magdalenenstraße 3-4
	01.04.1912	**Berlin-Lichtenberg 1**
Lichtenberg 2 *bei Berlin* Zweigstelle zu Postamt 1	01.06.1906	Dorfstraße 82 *Straßenumbenennung*
	01.07.1909	Möllendoffstraße 82
	01.04.1912	**Berlin Lichtenberg 2**
Lichtenberg 3 *bei Berlin* Zweigstelle zu Postamt 1	vorher	Postagentur Neu-Lichtenberg
	vor 1910	Margaretenstraße 22
	15.02.1912	Friedrichstraße 2
	01.04.1912	**Berlin-Lichtenberg 3**
	15.02.1914	Margaretenstraße 22

Ort	Eröffnung/seit	Anschrift
Lichtenrade *bei Berlin* Postagentur 1904 – Stadtpostamt 1906 – Postamt III	01.10.1838 20.06-1895 16.09.1882 noch 1882 01.04.1904 10.11.1908	Am Alten Dorfkrug aufgehoben Dorfstraße 21 OPD Potsdam OPD Berlin Bahnhofstraße 4 Bahnhofstraße 52
Berlin-**Lichterfelde 5** (OT Giesendorf) Postagentur zu PA 1	seit 1913 seit 1916 März 1919	Steinmetzstraße 27 geschlossen Feldstraße 1
Lindenberg Postagentur	vorher 01.07.1875 seit 1882	Post-Expedition Nr. 56 Berlin N.O.-Lindenberg **Lindenberg** bei Berlin
Mahlsdorf *bei Berlin* *(Ostbahn)* *1889 – Posthifsstelle* *1900 – Postagentur* *1910 – Postamt III*	25.09.1889 01.04.1900 ab 1901 01.10.1904 01.10.1910 01.06.1913	Posthilfsstelle Bahnhofstraße 3 OPD Berlin Hönower Straße 7 Bahnhofstraße 39 **Mahlsdorf 1**
Mahlsdorf 2 *bei Berlin* Postagentur	01.06.1913 01.10.1914	Akazienallee 8 Kastanienallee 5
Malchow *bei Berlin* Postagentur zu PA Weißensee 1	08.02.1882	Dorfstraße 3

Ort	Eröffnung/seit	Anschrift
Mariendorf	01.09.1879	Chausseestraße 32
(Kr. Teltow)	09.11.1901	Chausseestraße 60
1900 – Postamt III	Dez. 1907	*Straßenumnummerierung*
1916 – Postamt II		Chausseestraße 285
	01.03.1910	Bergstraße 25
	1911	Chausseestraße 45
	01.04.1912	**Berlin-Mariendorf**
Marienfelde	seit 1875	Marienfelde bei Berlin S.W.
bei Berlin	01.01.1888	Adolfstraße 77
	ab 1905	Kaiserallee 22
Postagentur	01.04.1912	**Berlin-Marienfelde**
1897 – Postamt III		Kaiserallee 32
Matinikenfelde	vorher	Post-Expedition Nr. 52
Postagentur	01.07.1875	Kaiserin-Augusta-Allee 15
		Berlin N.W.-Matinikenfelde
1880 – Postamt III	seit 1880	**Matinikenfelde** bei Berlin
	30.09.1894	aufgehoben
		dafür PA Berlin N.W. 87
Marzahn *bei Berlin*	01.05.1888	Alte Dorfschule, Anger
Postagentur zu Berlin O. 17	seit 1897	Landsberger Chaussee
zu PA Friedrichsfelde	01.05.1910	Alt-Marzahn 25/Dorfaue 3
Neukölln (seit 1912)		*siehe Rixdorf 1 bis 5*
Neu-Lichtenberg	01.05.1900	Friedrichstraße 10
bei Berlin	vor 1910	Margaretenstraße 22
1905 – Zweigstelle zu	**01.04.1912**	**Berlin-Neulichtenberg**
Lichtenberg 1	**15.02.1914**	**Berlin-Lichtenberg 3**

Ort	Eröffnung/seit	Anschrift
Neurahnsdorf Postagentur	16.04.1895 seit Juni 1902	Wilhelmstraße 19 **Wilhelmshagen (Mark)**
Neu-Weißensee 1 1898 – Postamt II 1901 – Postamt I	vorher 01.12.1892 **01.12.1898** 28.09.1900 01.05.1903 01.01.1905 **01.04.1912**	**Weißensee 1** Königschaussee 13 **Neu-Weißensee 1** Königschaussee 84 **Neu-Weißensee 1** *bei Berlin* **Weißensee 1** *bei Berlin* **Berlin-Weißensee 1**
Neu-Weißensee 2 Zweigstelle zu PA 1	vorher 01.12.1898 seit 1904 **01.04.1912**	**Weißensee 2** Langhansstraße 98 **Weißensee 2** **Berlin-Weißensee 2**
Nieder-Schöneweide Postagentur 1883 – Postamt III 1912 – Postamt II	22.101880 13.12.1890 seit 1895 **01.04.1912** 01.04.1912	Johanisthal-Nieder-Schöneweide Nieder-Schöneweide Grünauer Straße 2-3 **Berlin-Niederschöneweide** Flutstraße 2
Niederschönhausen (Kreis Nieder-Barnim) 1885 – Postamt III 1912 – Postamt II	01.10.1885 01.04.1907 **01.04.1912**	Kaiser-Wilhelm-Straße 3 Treskowstraße 67 **Berlin-Niederschönhausen**
Nikolassee (Wannseebahn)	01.11.1903 vor 1910 ab 1920	Alemannenstraße 12 OPD Potsdam Prinz-Friedrich-Leopold-Straße 2 OPD Berlin
Nonnendamm *bei Berlin* 1905 – Postamt III 1913 – Postamt II	01.05.1905 01.07.1913 23.01.1914	Siemensstraße/Ohmstraße 9 Nonnendammallee 96 **Siemensstadt** bei Berlin

Ort	Eröffnung/seit	Anschrift
Ober-Schöneweide 1898 – Postamt III 1902 – Postamt II 1905 – Postamt I	April 1897 seit 1910 **01.04.1912**	Wilhelminenhofstraße 33 Schillerpromenade 1/ Rathausstraße 9 **Berlin-Oberschöneweide**
Pankow Post-Expedition 1876 – Postamt III 1902 – Postamt II 1905 – Postamt I ab 1912 – PA Nr. 1	vorher 01.07.1875 seit 1880 15.03.1887 24.09.1902 **01.04.1912**	Post-Expedition Nr. 19 Berlin N.-Pankow Breite Straße 22 **Pankow** *bei Berlin* Breite Straße 24 a Wollankstraße 4 **Berlin-Pankow 1**
Berlin-**Pankow** Poststelle	1917-1922	Schloßstraße 18
Berlin-**Pankow 2** ZwPA zu PA Pankow 1	01.04.1912	Berliner Straße 111 *bis 31.03.1922*
Pichelsdorf Postagentur	21.08.1885 01.07.1893 01.12.1917	OPD Potsdam Dorfstraße 11 (Tiefwerder) OPD Berlin
Plötzensee *bei Berlin* Postagentur 1888 – Postamt III	01.03.1878 seit 1913	zu Berlin N.W. 21 Am Spandauer Schifffahrtkanal Seestraße/Spandauer Schifffahrtkanal
Rahnsdorf (Kreis Niederbarnim) Postagentur	01.04.1902 1920	Rahnsdorfer Mühle OPD Potsdam OPD Berlin

Ort	Eröffnung/seit	Anschrift
Reinickendorf	01.08.1876	zu Berlin N. 20
bei Berlin		Residenzstraße 26
Postagentur	Januar 1900	**Reinickendorf Ost**
15.01.1885 – Postamt III	vor 1903	Residenzstraße 106
01.04.1901 – Postamt II	01.04.1904	**Reinickendorf Ost 1**
01.04.1907 – Postamt I	01.04.1907	Residenzstraße 43-44
	01.04.1912	**Berlin-Reinickendorf Ost 1**
Reinickendorf-	10.04.1901	Bahnhof Schönholz
Schönholz		Hausotternplatz
Postagentur	vor 1903	Winterstraße 25
	01.04.1904	**Reinickendorf Ost 2**
Reinickendorf Ost 2	vorher	**Reinickendorf-Schönholz**
bei Berlin	01.04.1908	Provinzstraße 57
	01.04.1912	**Berlin-Reinickendorf Ost 2**
Reinickendorf	vorher	Tegler Landstraße (siehe dort)
West	01.05.1888	Scharnweberstraße 134
	12.01.1900	Scharnweberstraße 25/26
	01.04.1912	**Berlin-Reinickendorf West 3**
Rixdorf	vorher	Post-Expedition Nr. 32
Post-Expedition	01.04.1875	Berliner Straße 45
1876 – Postamt III	01.07.1875	**Berlin S.O.-Rixdorf**
1883 – Postamt II	01.04.1876	Mühlenstraße 3a
1894 – Postamt I	seit 1877	Mühlenstraße 8
ab 04.10.1894 PA Nr. 1	**1880**	**Rixdorf**
	29.03.1881	Bergstraße 115
	27.09.1891	Bergstraße 117
	04.10.1894	**Rixdorf 1**
	01.10.1895	Bergstraße 133
	17.03.1907	Richardstraße 119-120
	01.02.1912	**Neukölln 1**
	01.04.1912	**Berlin-Neukölln 1**

Ort	Eröffnung/seit	Anschrift
Rixdorf 2 Zweigstelle zu Rixdorf 1	04.10.1894	Prinz-Handjery-Straße 29
	01.10.1895	Prinz-Handjery-Straße 33
	01.10.1899	Herrmannstraße 207
	seit 1910	Herrmannstraße 198
	Anfang 1912	Leykestraße 18
	01.02.1912	**Neukölln 2**
	01.04.1912	**Berlin-Neukölln 2**
Rixdorf 3 Zweigstelle zu Rixdorf 1	01.04.1898	Bendastraße 22
	01.02.1912	**Neukölln 3**
	01.04.1912	**Berlin-Neukölln 3**
Rixdorf 4 Zweigstelle zu Rixdorf 1	vorher	Berlin S.W. 32
	01.10.1906	Hobrechtstraße 73/74
	01.02.1912	**Neukölln 4**
	01.04.1912	**Berlin-Neukölln 4**
Rixdorf 5 Zweigstelle zu Rixdorf 1	15.08.1907	Johann-Huss-Straße 6
	01.02.1912	**Neukölln 5**
	01.04.1912	**Berlin-Neukölln 5**
Rosenthal *bei Berlin* 1889 - Postagentur	01.07.1889	Niederstraße 16
	01.04.1912	**Berlin-Rosenthal 2**
Rudow *bei Berlin*	01.04.1880	Kaiser-Wilhelm-Straße 35
	01.04.1906	**Rudow**
	20.11.1919	*Straßenumbenennung* Neuköllner Straße 35
Rummelsburg Post-Expedition 1876 – Postamt III 1897 – Postamt II	vorher	Post-Expedition Nr. 51
	01.07.1875	**Berlin O.-Rummelsburg**
	01.08.1906	**Boxhagen-Rummelsburg-1** Prinz - Albrecht-Straße 8
	seit 1911	Prinz - Albrecht-Straße 27
	31.12.1912	**Berlin-Rummelsburg 1**
Rummelsburg 2 Postzweigstelle	01.08.1906	Siehe Boxhagen-Rummelsburg 2
	15.01.1913	Berlin O. 32

Ort	Eröffnung/seit	Anschrift
Schildow Postagentur	seit 1890	
Schlachtensee 1893 – Postamt II	01.05.1888	Sommerpostamt III OPD Potsdam
	seit 1893	ständiges Postamt Victoriastraße
	seit 1920	OPD Berlin
Schmargendorf (Kreis Teltow) Postagentur 01.08.1895 – Postamt III	01.05.1887	Breite Straße 27
	15.08.1895	Spandauer Straße 3
	seit 1899	**Schmargendorf (Bz. Berlin)**
	01.04.1912	**Berlin-Schmargendorf**
Schmöckwitz (Kreis Teltow) Posthilfstelle zu PA Eichwalde	seit 1899	OPD Potsdam
	01.04.1902	**Schmöckwitz (Kr. Teltow)**
	seit 1920	OPD Berlin Seestraße 11
Schöneberg 1876 – Postamt III 1883 – Postamt II 1895 – Postamt I ab 01.09.1897 Postamt Nr. 1	vorher	Post-Expedition Nr. 22
	01.11.1862	Botanische Gartenstraße 70
	01.07.1875	Berlin W.-Schöneberg
	April 1876	Bahnstraße 1
	1880	**Schöneberg** *bei Berlin*
	03.04.1885	Hauptstraße 72
	26.03.1891	Herbertstraße 3
	01.09.1897	**Schöneberg 1** *bei Berlin*
	07.12.1902	Hauptstraße 26/27
	01.04.1912	**Berlin-Schöneberg 1**
Schöneberg *bei Berlin 2* *Zweigstelle zu Postamt 1*	01.09.1897	Hauptstraße 5/6
	Februar 1910	Grunewaldstraße 102
	01.04.1912	**Berlin-Schöneberg 2**
	31.05.1913	aufgehoben
	01.07.1913	Geneststraße 7/8
	1917-1919	geschlossen

Ort	Eröffnung/seit	Anschrift
Schöneberg 3 *bei Berlin* *Zweigstelle zu Postamt 1*	01.10.1900 seit 1906 **01.04.1912** 01.04.1914	Hauptstraße 57 Koburger Straße 18 **Berlin-Schöneberg 3** Hauptstraße 96
Schöneberg 4 *bei Berlin* *Zweigstelle zu Postamt 1*	01.10.1905 **01.04.1912**	Kriemhildstraße 7 **Berlin-Schöneberg 4**
Schöneberg 5 *bei Berlin* *Zweigstelle zu Postamt 1*	01.10.1908 1910 **01.04.1912**	Grunewaldstraße 52 Grunewaldstraße 41 **Berlin-Schöneberg 5**
Schöneiche (Kr. Niederbarnim) Postagentur zu PA Friedrichshagen	seit 1890	OPD Potsdam
Schönefeld Postagentur zu PA Grünau	seit 1886 seit 1920	OPD Potsdam OPD Berlin
Schönerlinde Post-Expedition 1876 - Postagentur	seit 1868 01.10.1901 seit 1913 seit 1920	OPD Potsdam OPD Berlin OPD Potsdam OPD Berlin
Schönfließ Postagentur	seit 1888 seit 1901	OPD Potsdam **Schönfließ** *(Bz. Berlin)* OPD Berlin
Schönwalde (Mark) Post-Expedition 1876 -Postagentur	seit 1876 seit 1901	OPD Potsdam OPD Berlin
Siemensstadt bei Berlin 1919 – Postamt I	vorher 15.02.1914 01.07.1919	Nonnendamm Siemens- Ecke Ohmstraße 9 Nonnendamm Allee 95

Ort	Eröffnung/seit	Anschrift
Spandau	seit 1779	Klosterstraße
OPD Potsdam	01.04.1852	Breite Straße 32
	03.10.1857	Potsdamer Straße 14
	01.04.1867	Potsdamer Straße 48
	01.04.1871	**Spandau 1**
		Erweiterung durch Kauf
	06.05.1871	Potsdamer Straße 47-49
1917 – Postamt I	15.10.1890	Potsdamer Straße 52/53
	seit 1917	OPD Berlin
Spandau 2	um 1874	Am Hamburger Bahnhof
OPD Potsdam	seit 1917	OPD Berlin
	1921	aufgehoben
Spandau 3	seit 1876	Hafenplatz 1
Postagentur		(Oranienburger Vorstadt)
Zweigstelle zu PA 1	seit 1882	Schönwalder Straße 74
OPD Potsdam	seit 1917	OPD Berlin
Spandau 4	01.07.1904	Pichelsdorfer Straße 16
Postagentur	seit 1917	OPD Berlin
Zweigstelle zu PA 1		
OPD Potsdam		
Spandau-Ruhleben	01.03.1891	Charlottenburger Chaussee
Postamt III	1917	ZwPA zu Spandau 1
OPD Potsdam		OPD Berlin
	31.01.1920	aufgehoben
Staaken	07.10.1889	
Postagentur	01.05.1896	Bahnhofstraße 112
OPD Potsdam	1917	ZwPA zu Spandau 1
1917 – Postamt III		OPD Berlin

Ort	Eröffnung/seit	Anschrift
Steglitz OPD Potsdam Post-Expedition II 1876 – Postamt III 1884 – Postamt II 1894 – Postamt I	01.03.1866 1873 1876 01.01.1886 1901 1902 27.03.1909 **01.04.1912**	Bahnhofsgebäude Schloßstraße 21 Albrechtstraße 5 Albrechtstraße 14a OPD Berlin **Postamt Steglitz 1** Bergstraße 1 **Berlin-Steglitz 1**
Steglitz 2 Zweigstelle zu Postamt 1	seit 1902 01.10.1911 **01.04.1912**	Schloßstraße 25 Feldstraße 24/25 **Berlin-Steglitz 2**
Berlin-**Steglitz 3** Zweigstelle zu Postamt 1	01.05.1914	Albrechtstraße 88
Stolpe bei Wannsee	01.05.1898 ab Dezember **1898**	OPD Potsdam **Wannsee 2**
Stralau 1900 – Postamt III ZwPA zu Berlin O. 17	Seit 1874 1900 **01.04.1912**	Dorfstraße 54-55 *Straßenumbenennung* Alt-Stralau 54-55 **Berlin-Stralau**
Südende Post-Expedition Postagentur 1896 – Postamt III 1914 – Postamt II	vorher 01.07.1875 30.09.177 01.11.1887 02.04.1896 **01.04.1912** seit 1913	**Berlin 58** **Berlin S.W.-Südende** aufgehoben Steglitzer Straße 23 Steglitzer Straße 21 Wilhelmstraße 11 **Berlin-Südende** Langestraße 26/Denkstraße 8

Ort	Eröffnung/seit	Anschrift
Tegel	seit 1870	OPD Potsdam
1870 – Post-Expedition II		Berliner Straße 4
1871 – Postagentur	01.06.1873	**Tegel bei Berlin**
1876 – Postamt III	1901	OPD Berlin
1899 – Postamt II	seit 1901	Bahnhofstraße 3
1907 – Postamt I	**08.01.1912**	**Berlin-Tegel**
Tegeler Landstraße	15.11.1879	Berlin N.-Tegeler Landstraße
(Bz. Berlin)		Berliner Straße 59
	01.01.1880	**Tegeler Landstraße**
	Januar 1910	Scharnweberstraße 25/26
		Reinickendorf-West
Tegelort (Bz. Berlin)	15.05.1911	Walderseestraße
Sommersaisonpostamt		
Tempelhof	vorher	Post-Expedition Berlin 33
Post-Expedition	01.07.1875	**Berlin S.W.-Tempelhof**
1886 – Postamt III		Berliner Straße 18
1899 – Postamt II	seit 1886	Berliner Straße 101
1906 – Postamt I	31.03.1889	Berliner Straße 114
	15.03.1899	Berliner Straße 19
	01.04.1912	**Berlin-Tempelhof**
	seit 1913	Berliner Straße 60
	01.04.1914	**Berlin-Tempelhof 1**
	11.12.1916	Berliner Straße 134/135
	28.01.1917	auch
		Theodor-Franke-Straße 10/11
Berlin-**Tempelhof 2**	01.04.1914	Hohenzollernkorso 2
Postagentur		
1919 – ZwPA zu PA 1		

Ort	Eröffnung/seit	Anschrift
Treptow bei Berlin Postagentur zu Berlin S.O. 36 1909 – Postamt III	01.04.1882 01.10.1898 vor 1910 **01.04.1912** seit 1913	Treptower Chausee im Schrödterschen Haus in der Parkstraße Köpenicker Landstraße 53 **Berlin-Treptow** Am Treptower Park 53
Waidmannslust Postagentur 1905 – Postamt III	16.04.1884 1901	Kurhausstraße 2 OPD Potsdam OPD Berlin
Wannensee **Wannsee** bei Berlin Postagentur 1886 – Postamt III 1900 – Postamt II 1908 – Postamt I	Mai 1875 15.05.1879 seit 1886 Nov. 1898 seit 1903 1920	Auf dem Bahnhof OPD Potsdam aufgehoben ersetzt durch **Pag. Dreilinden** **Wannsee** Königstraße **Wannsee 1** bei Berlin Friedrich-Karl-Straße 2 OPD Berlin
Wannsee 2 bei Berlin Sommer-Postagentur	vorher Nov. 1898 01.01.1914 1920	Stolpe bei Wannsee OPD Potsdam **Wannsee 2** Chausseestraße 7 OPD Berlin

Ort	Eröffnung/seit	Anschrift
Weißensee bei Berlin 1876 – Postamt III 1890 – Postamt II 1901 – Postamt I	vorher	Post-Expedition Nr. 47
	01.07.1875	Berlin N.O.-Weißensee Königschaussee 84
	seit 1890	Königschaussee 14
	01.04.1893	**Weißensee 1** bei Berlin
	1898 bis 1904	**Neu-Weißensee 1**
	01.01.1905	wieder **Weißensee 1**
	seit 1911	Berliner Allee 54
	01.04.1912	**Berlin-Weißensee 1**
	10.10.1915	Charlottenburger Chaussee 140
Weißensee 2 bei Berlin Zweigstelle zu Postamt 1	01.04.1893	Langhansstraße 93
	1898 bis 1905	**Neu-Weißensee 2**
	01.10.1910	Goethestraße 13
	01.04.1912	**Berlin-Weißensee 2**
Westend bei Charlottenburg 1880 – Postamt III ab 1898 – Stadtpostamt Zweigstelle zu PA Charlottenburg 5	15.05.1873	Ulmenallee 3
	seit 1880	OPD Berlin
	seit 1886	Spandauer Weg 18
	01.10.1910	PA Charlottenburg 10
Wilhelmsberg bei Berlin 01.04.1912 – Postamt III	01.04.1899	Hohenschönhauser Straße 24
	vor 1910	Hohenschönhauser Straße 56
	01.04.1912	**Berlin-Wilhelmsberg**
	seit 1913	Hohenschöhauser Straße 46/47
Wilhelmshagen (Mark) Postagentur	vorher	Neurahnsdorf (OPD Potsdam)
	seit Juni 1902	Wilhelmstraße 19
	1920	OPD Berlin
Wilhelmsruh 1907 – Postamt III	19.09.1900	Niederstraße 16
	01.04.1912	**Berlin-Wilhelmsruh**
	01.05.1912	**Berlin-Rosenthal 1**

Ort	Eröffnung/seit	Anschrift
Wilmersdorf	vorher	Post-Expedition Berlin 55
bei Berlin		Dorfaue
(Deutsch-Wilmersdorf)	01.07.1875	**Berlin W.-Wilmersdorf**
Post-Expedition		Steglitzer Straße 4
Postagentur zu	01.04.1880	**Wilmersdorf** *bei Berlin*
PA Schöneberg		
1884 – Postamt III	31.08.1889	Berliner Straße 146
1894 – Postamt II	27.03.1895	Berliner Straße 34
1902 – Postamt I	April 1904	Uhlandstraße 104
	16.09.1909	Uhlandstraße 65
	01.05.1906	Postamt Wilmersdorf 1
	01.04.1912	**Berlin-Wilmersdorf 1**
Wilmersdorf 2	01.05.1906	Kaiserplatz 6
bei Berlin	**01.04.1912**	**Berlin-Wilmersdorf 2**
Zweigstelle zu PA 1		Mainzer Straße 16
Wittenau (Bz. Berlin)	vorher	Dalldorf (Bz. Berlin)
Postagentur zu Berlin N.4	16.10.1905	Rosenthaler Straße 43
1912 – Postamt III	**01.04.1912**	**Berlin-Wittenau**
Zehlendorf		OPD Potsdam
(Kr. Teltow)	28.04.1878	Hauptstraße 37
1899 – Wannseebahn	vor 1903	Teltower Straße 1 und
1897 – Postamt II		Victoriastraße
1902 – Postamt I	01.04.1903	Anhaltiner und
		Kaiserstraße 23
	01.10.1911	**Postamt Zehlendorf 1**
	1920	OPD Berlin
Zehlendorf 2	01.10.1911	OPD Potsdam
Wannseebahn		Lessingstraße 11
Zweigstelle zu	1920	OPD Berlin
PA Zehlendorf 1		

6. Die Berliner Postämter von 1920 bis 1945

6.1 Einleitung

Am 1. Oktober 1920 trat das "Gesetz über die Bildung der neuen Stadtgemeinde Berlin (Groß-Berlin-Gesetz)" in Kraft. Damit erfolgte die umfassendste Stadterweiterung in der Geschichte Berlins.

Die Stadt (Groß-)Berlin entstand aus acht Stadtgemeinden, 59 Landgemeinden und 28 Gutsbezirken, die sich zur Stadt Berlin (Groß-Berlin) vereinigten. Schon am 1. April 1912 war der Zweckverband Groß-Berlin zur gemeinsamen Lösung kommunaler Aufgaben gegründet worden. Die in den Zweckverband einbezogenen Gemeinden führten schon seit dieser Zeit den Zusatz „Berlin" zu ihrem Ortsnamen.

Groß-Berlin gliederte sich in 20 fortlaufend nummerierte Verwaltungsbezirke. Dies geschah folgendermaßen:

- aus dem alten Stadtgebiet Berlins (Alt-Berlin) wurden sechs Bezirke gebildet;

- aus den eingemeindeten Stadtgemeinden, Landgemeinden und Gutsbezirken wurden 14 Bezirke gebildet, wobei diese nach den jeweils an der Einwohnerzahl gemessen größten Stadt- oder Landgemeinde benannt wurden. Einige Gemeinden und Gutsbezirke wurden dabei geteilt (erkennbar an dem Zusatz der Himmelsrichtung).

Im Einzelnen waren dies:

Verwaltungsbezirk Nr. 1 – Mitte
bestehend aus *Teilen der Stadtgemeinde Berlin und dem Gutsbezirk Berlin-Schloß*

Verwaltungsbezirk Nr. 2 – Tiergarten
bestehend aus *Teilen der Stadtgemeinde Berlin*

Verwaltungsbezirk Nr. 3 – Wedding
bestehend aus *Teilen der Stadtgemeinde Berlin*

Verwaltungsbezirk Nr. 4 – Prenzlauer Tor
(*ab 1921* Prenzlauer Berg)
bestehend aus *Teilen der Stadtgemeinde Berlin*

Verwaltungsbezirk Nr. 5 – Friedrichshain

bestehend aus *Teilen der Stadtgemeinde Berlin*

Verwaltungsbezirk Nr. 6 – Hallesches Tor (*ab 1921* Kreuzberg)

bestehend aus *Teilen der Stadtgemeinde Berlin und die Landgemeinde Berlin-Stralau*

Verwaltungsbezirk Nr. 7 – Charlottenburg

bestehend aus *der Stadtgemeinde Charlottenburg und den GutsbezirkenHeerstraße-Ost, Plötzensee und Jungfernheide-Süd*

Verwaltungsbezirk Nr. 8 – Spandau

bestehend aus *der Stadtgemeinde Spandau, den Landgemeinden Cladow,Gatow, Pichelsdorf, Staaken, Tiefwerder und den Gutsbezirken Heerstraße-West, Pichelswerder sowie Spandau-Zitadelle*

Verwaltungsbezirk Nr. 9 – Wilmersdorf

bestehend aus *der Stadtgemeinde Berlin-Wilmersdorf, den Landgemeinden Berlin-Grunewald und Berlin-Schmargendorf sowie dem Gutsbezirk Grunewald-Forst*

Verwaltungsbezirk Nr. 10 – Zehlendorf

bestehend aus *den Landgemeinden Nikolassee, Wannsee, Zehlendorf sowieden Gutsbezirken Berlin-Dahlem, Klein-Glienicke-Forst, Pfaueninsel, Potsdamer Forst und (ab 1928) Düppel*

Verwaltungsbezirk Nr. 11 – Schöneberg

bestehend aus *der Stadtgemeinde Schöneberg und der Landgemeinde Friedenau*

Verwaltungsbezirk Nr. 12 – Steglitz

bestehend aus *den Landgemeinden Berlin-Lankwitz, Berlin-Lichterfelde, dem Teil Südende von Berlin-Mariendorf-Südende und Berlin-Steglitz*

Verwaltungsbezirk Nr. 13 – Tempelhof

bestehend aus *den Landgemeinden Buckow-West, Lichtenrade, Berlin-Mariendorf (ohne Südende), Berlin-Marienfelde und Berlin-Tempelhof*

Verwaltungsbezirk Nr. 14 – Neukölln

bestehend aus *der Stadtgemeinde Neukölln sowie den Landgemeinden Berlin-Britz, Buckow-Ost und Rudow*

Verwaltungsbezirk Nr. 15 – Treptow

bestehend aus *den Landgemeinden Adlershof, Alt-Glienicke, Berlin-Johannisthal, Berlin-Niederschöneweide, Berlin-Oberschöneweide und dem Bezirk Treptow sowie dem Gutsbezirk Wuhlheide*

Verwaltungsbezirk Nr. 16 – Cöpenick (*ab 1931 Köpenick*)

bestehend aus *der Stadtgemeinde Cöpenick, den Landgemeinden Bohnsdorf, Friedrichshagen, Grünau, Müggelheim, Rahnsdorf und Schmöckwitz sowie den Gutsbezirken Cöpenick-Forst und Grünau-Dahmer Forst*

Verwaltungsbezirk Nr. 17 – Lichtenberg

bestehend aus *der Stadtgemeinde Berlin-Lichtenberg, den LandgemeindenBiesdorf, Berlin-Friedrichsfelde, Kaulsdorf, Mahlsdorf, Marzahn sowie denGutsbezirken Biesdorf und Hellersdorf mit Wuhlegarten.*

Verwaltungsbezirk Nr. 18 – Weißensee

bestehend aus *den Landgemeinden Falkenberg, Berlin-Hohenschönhausen, Malchow, Wartenberg und Weißensee sowie den Gutsbezirken Falkenberg, Malchow und Wartenberg*

Verwaltungsbezirk Nr. 19 – Pankow

bestehend aus *den Landgemeinden Blankenfelde, Buch, Berlin-Buchholz,Berlin-Heinersdorf, Karow, Berlin-Niederschönhausen, Berlin-Pankow undBerlin-Rosenthal-Ost sowie den Gutsbezirken Blankenburg, Blankenfelde, Buch, Niederschönhausen mit Schönholz und Berlin-Rosenthal*

Verwaltungsbezirk Nr. 20 – Reinickendorf

bestehend aus *den Landgemeinden Heiligensee, Hermsdorf bei Berlin, Lübars, Berlin-Reinickendorf, Berlin-Rosenthal-West, Berlin-Tegel und Berlin-Wittenau sowie den Gutsbezirken Frohnau, Jungfernheide-Nord, Tegel-Forst-Nord und Tegel-Schloß*

Ab 1924 entfiel bei den Postämtern die Unterteilung in Klassen. Es erfolgte jetzt eine Einteilung in mehrere Größen, die u. a. für die Besoldung der Amtsvorsteher bedeutsam, aber für den Postkunden ohne Bedeutung war.

***

6. The Berlin Post Offices from 1920 to 1945

6.1 Introduction

On 1 October 1920, the "Law on the Formation of the New City Municipality of Berlin (Greater Berlin Law)" came into force. This was the most comprehensive urban expansion in the history of Berlin.

The city of (Greater) Berlin arose from eight municipalities, 59 rural communities and 28 estate districts, which united to form the city of Berlin (Greater Berlin).

Greater Berlin was divided into 20 consecutively numbered administrative districts. This was done as follows:

- six districts were formed from the old urban area of Berlin (Alt-Berlin);

- 14 districts were formed from the amalgamated municipalities, rural municipalities and estate districts, whereby these were named after the largest urban or rural municipality measured by the number of inhabitants. Some municipalities and estate districts were divided (recognizable by the addition of the cardinal direction).

Specifically, these were:

Administrative District No. 1 – Central
consisting of parts of the municipality of Berlin and the estate district Berlin-Schloß

Administrative District No. 2 – Tiergarten
consisting of parts of the municipality of Berlin

Administrative District No. 3 – Wedding
consisting of parts of the municipality of Berlin

Administrative District No. 4 – Prenzlauer Tor
(from 1921 Prenzlauer Berg)
consisting of parts of the municipality of Berlin

Administrative District No. 5 – Friedrichshain
consisting of parts of the municipality of Berlin

Administrative district No. 6 – Hallesches Tor (from 1921 Kreuzberg) consisting of parts of the municipality of Berlin and the rural municipality of Berlin-Stralau

Administrative District No. 7 – Charlottenburg
consisting of the municipality of Charlottenburg and the estate districts Heerstraße-Ost, Plötzensee and Jungfernheide-Süd

Administrative District No. 8 – Spandau
consisting of the municipality of Spandau, the rural communities of Cladow, Gatow, Pichelsdorf, Staaken, Tiefwerder and the estate districts of Heerstraße-West, Pichelswerder and Spandau Citadel

Administrative District No. 9 – Wilmersdorf
consisting of the municipality Berlin-Wilmersdorf, the rural communities Berlin-Grunewald and Berlin-Schmargendorf as well as the estate district Grunewald-Forst

Administrative District No. 10 – Zehlendorf
consisting of the rural communities Nikolassee, Wannsee, Zehlendorf as well as the estate districts Berlin-Dahlem, Klein-Glienicke-Forst, Pfaueninsel, Potsdamer Forst and (from 1928) Düppel

Administrative District No. 11 – Schöneberg
consisting of the municipality of Schöneberg and the rural municipality of Friedenau

Administrative District No. 12 – Steglitz
consisting of the rural communities of Berlin-Lankwitz, Berlin-Lichterfelde, the southern end of Berlin-Mariendorf-Südende and Berlin-Steglitz

Administrative District No. 13 – Tempelhof
consisting of the rural communities of Buckow-West, Lichtenrade, Berlin-Mariendorf (without south end), Berlin-Marienfelde and Berlin-Tempelhof

Administrative District No. 14 – Neukölln
consisting of the municipality of Neukölln and the rural communities of Berlin-Britz, Buckow-Ost and Rudow

Administrative District No. 15 – Treptow
consisting of the rural communities of Adlershof, Alt-Glienicke, Berlin-Johannisthal, Berlin-Niederschöneweide, Berlin-Oberschöneweide and the district of Treptow as well as the estate district of Wuhlheide

Administrative district No. 16 – Cöpenick (from 1931 Köpenick)
consisting of the municipality of Cöpenick, the rural communities of Bohnsdorf, Friedrichshagen, Grünau, Müggelheim, Rahnsdorf and Schmöckwitz as well as the estate districts of Cöpenick-Forst and Grünau-Dahmer Forst

Administrative District No. 17 – Lichtenberg
consisting of the municipality of Berlin-Lichtenberg, the rural communities of Biesdorf, Berlin-Friedrichsfelde, Kaulsdorf, Mahlsdorf, Marzahn and the estate districts of Biesdorf and Hellersdorf with Wuhlegarten.

Administrative District No. 18 – Weißensee
consisting of the rural communities Falkenberg, Berlin-Hohen-schönhausen, Malchow, Wartenberg and Weißensee as well as the estate districts Falkenberg, Malchow and Wartenberg

Administrative District No. 19 – Pankow
consisting of the rural communities of Blankenfelde, Buch, Berlin-Buchholz, Berlin-Heinersdorf, Karow, Berlin-Niederschönhausen, Berlin-Pankow and Berlin-Rosenthal-Ost as well as the estate districts of Blankenburg, Blankenfelde, Buch, Niederschönhausen with Schönholz and Berlin-Rosenthal

Administrative District No. 20 – Reinickendorf
consisting of the rural communities of Heiligensee, Hermsdorf bei Berlin, Lübars, Berlin-Reinickendorf, Berlin-Rosenthal-West, Berlin-Tegel and Berlin-Wittenau as well as the estate districts of Frohnau, Jungfernheide-Nord, Tegel-Forst-Nord and Tegel-Schloß

From 1924, the subdivision into classes was abolished at post offices. There was now a division into several sizes, which was important, among other things, for the remuneration of the heads of office, but was of no importance for the postal customer.

6.2. Innenstadt-Postämter 1920 bis 1945

Korrekt bezeichnet, handelt es sich um die Postämter der Verwaltungsbezirke Nr. 1 bis Nr. 6. Alle Postämter sind durch eine Himmelsrichtung (siehe Kapitel – Berliner Postämter ab 1875) und einer Amtsnummer gekennzeichnet. Die Punkte bei der Angabe der Himmelrichtung z. B. innerhalb der Stempel wurden spätestens ab 1920 weggelassen.

Für Postämter, die schon vor 1920 bestanden, wird das Eröffnungsdatum nicht immer wiederholt. Die Aufstellung erfolgt in der Reihenfolge der Amtsnummern.

Selbständige Postämter sind in der Aufstellung „**fett**" gedruckt.

***

Correctly designated, these are the post offices of the administrative districts No. 1 to No. 6. All post offices are identified by a cardinal direction (see chapter – Berlin Post Offices from 1875) and an official number. The dots in the indication of the cardinal direction, e.g. within the stamps, were omitted from 1920 at the latest.

For post offices that existed before 1920, the opening date will not be repeated. The list shall be drawn up in the order of the official numbers.

Independent post offices are printed in **bold** in the list.

Postamt Berlin	Eröffnung/Umzug	Anschrift
Berlin C 1		Königsstraße 60 und Spandauer Straße 13/14
	01.10.1930	aufgehoben

Postamt Berlin	Eröffnung/Umzug	Anschrift
Berlin C 2 Briefpostamt		Spandauer Straße 21-23 Heilige Geiststraße 24-33 und Königstraße 61
	03.02.1945 ab 23.04.1945	Alexanderstraße 28/29 geschlossen
Berlin N 3 Paketpostamt 1927 – Briefpostamt	ab 1927	Oranienburger Straße 70-76 Tucholskystraße 6-14
Berlin N 4 N 4 PST II A	23.09.1923 seit 1936 Invalidenstraße 30	Stettiner Bahnhof / Invalidenstraße 22/23 Zinnowitzer Straße 2-7/ Am Stettiner Straße 3/5
N 4 PST II A	seit 1936 seit 1940	Rheinsberger Straße 56 geschlossen
Berlin NW 5 Berlin N 21	seit 1913	Perleberger Straße 59
Berlin NW 6 1932 – ZwPA zu NW 7		Marienstraße 10
Berlin NW 7		Dorotheenstraße 18
Berlin W 8		Französische Straße 9-12 und Jägerstraße 7
Berlin W 9		Linkstraße 4/5 Potsdamer Bahnhof
Berlin W 10 1932–ZwPA W 35	01.07.1913 *ab 05.06.1935*	Genthiner Straße 39 *Straßenumbenennung* *Woyrschstraße 10*

Postamt Berlin	Eröffnung/Umzug	Anschrift
Berlin SW 11	seit 1913	Bahnhofstraße 2a/ Anhalter Bahnhof
	18.12.1927	*auch* Hallesche Straße 11
	11.08.1930	Schöneberger Straße 32
	11.08.1934	Möckernstraße 139-141
	seit 1937	*zusätzlich* Hallesche Straße 10/15
Berlin SW 12 zu SW 68	seit 1913	Zimmerstraße 27
	seit 1924	Zimmerstraße 26/28
	seit 1945	aufgehoben
Berlin SW 13 zu SW 68		Alte Jacobstraße 169/170
	seit 1938	Alte Jakobstraße 144
	ca. 1939/1940	aufgehoben
Berlin S 14 zu SW 19	seit 1914	Dresdener Straße 97
	seit 1945	aufgehoben
Berlin W 15		Uhlandstraße 42
	seit 1921	Lietzenburger Straße 35
Berlin SO 16		Köpenicker Straße 122
	ab 1941	auch Köpenicker Straße 127
	seit 1945	geschlossen
Berlin O 17		Schlesischer Bahnhof und Fruchtstraße 8-10
NO 18 NO 18 PST II A	seit 1915	Lichtenberger Straße 19
NO 18 PST II A	1930 bis 1943	Oderbruchstraße 7
Berlin SW 19		Kommandantenstraße 7-9
	1945	aufgehoben

Postamt Berlin	Eröffnung/Umzug	Anschrift
Berlin N 20 N 20 PST II A N 20 PST II B N 20 PST II C N 20 PST II D	April 1914 21.09.1930 04.11.1938	Prinzenallee 84 Christianastraße 18/19 *Straßenumbenennung* Osloer Straße 18/19
N 20 PST II A	ab 1930 ab 1939 Juli 1942	Hochstraße 5 Böttgerstraße 35 aufgehoben
N 20 PST II B	ab 1930 ab 1931 seit 1935	Koloniestraße 8 Exerzierstraße 27 aufgehoben
N 20 PST II C	ab 1935 1945	Pankstraße 25 aufgehoben
N 20 PST II D	ab 1930 1942	Jülicher Straße 1 geschlossen
Berlin NW 21		Turmstraße 23 Lübecker Straße 1-2
Berlin NW 23 zu NW 87	1939	Lessingstraße 6 geschlossen
Berlin N 24 Paketpostamt 1932-1935 zu N 3		Oranienburger Straße 35/36
Berlin C 25	seit 1913	Am Königsgraben 5
Berlin SO 26 zu SO 36	01.09.1927	Adalbertstraße 94 mit SO 36 vereinigt
Berlin O 27	24.03.1912 ab 1913 01.10.1937	Alexanderstraße 29/31 Alexanderstraße 28b umbenannt in C 27
Berlin C 27	01.10.1937 1945	Alexanderstraße 28b aufgehoben

Postamt Berlin	Eröffnung/Umzug	Anschrift
Berlin N 28		Swinemünder Straße 96
Berlin SW 29		Bergmannstraße 87
	ab 1924	Bergmannstrße 71/72
	ab 1927	*auch*
		Schleiermacherstraße 25
Berlin W 30		Neuer Winterfeldplatz 14
	13.06.1926	Geisbergstraße 7/9
Berlin N 31		Usedomer Straße 9
N 31 PST II A	1945	aufgehoben
N 31 PST II B		
N 31 PST II C		
N 31 PST II A	ab 1930	Ramlerstraße 12
	1936	aufgehoben
N 31 PST II B	ab 1930	Rheinsberger Straße 56
	1935	geschlossen
N 31 PST II C	ab 1931	Ackerstraße 56
	1937	geschlossen
Berlin O 32	15.01.1913	Gryphiusstraße 2
zu O 112	ab 1921	Krossener Straße 1
Berlin SO 33		Skalitzer Straße 74
	01.09.1927	mit SO 36 vereinigt
	24.09.1927	aufgehoben
Berlin O 34		Petersburger Straße 89
Berlin W 35		Körnerstraße 7 bis 10
Berlin SO 36		Wiener Straße 33a und
SO 36 PST II A		Görlitzer Bahnhof
	25.09.1927	auch Skalitzer Straße 86-92

Postamt Berlin	Eröffnung/Umzug	Anschrift
SO 36 PST II A	seit 1930 1936	Am Treptower Park 16 geschlossen
Berlin N 37 zu N 54	 1945	Schwedter Straße 263 aufgehoben
Berlin W 38 1921-ZwPA W 8	 August 1940	Taubenstraße 23a geschlossen
Berlin N 39 1928 zu PA N 65	 August 1940	Schulzendorfer Straße 26 geschlossen
Berlin NW 40		Lehrter Bahnhof Invalidenstraße 79 und Friedrich-List-Ufer 1
Berlin C 41	 1923	Kurstraße 18/19 Umzug jetzt SW 41
Berlin SW 41 zu SW 19	seit 1923 seit 1936 1939	Alte Leipziger Straße 14/15 Alte Leipziger Straße 1 geschlossen
Berlin S 42 1937-ZwPA SW 68	 1945	Ritterstraße 7 geschlossen
Berlin NO 43 zu O 27	 bis Mai 1938	Neue Königstraße 70 **PA Berlin C 43**
Berlin C 43 zu C 2	ab Mai 1938	Neue Königstraße 70
Berlin W 44 ZwPA zu W 8	 seit 1913 1944	Kronenstraße 38/40 *teilweise auch* Mohrenstraße 37 geschlossen
Berlin C 45	01.07.1908 1923	Roßstraße 29/30 geschlossen
Berlin SW 47 zu SW 11	 seit 1937	Hagelsberger Straße 24 Kreuzbergstraße 32/33

Postamt Berlin	Eröffnung/Umzug	Anschrift
Berlin SW 48		Friedrichstraße 227
zu SW 11	ab 1932	Puttkammerstraße 16-18
	1944	geschlossen
Berlin N 49	seit 1912	Müllerstraße 55a
zu N 65	17.08.1930	Müllerstraße 70b/c
Berlin W 50	seit 1906	Marburger Straße 7 und 12
	31.05.1944	geschlossen
Berlin O 51		Andreasstraße 32
zu O 17	1945	geschlossen
Berlin NW 52		Paulstraße 7
zu NW 40	1943	geschlossen
Berlin N 54	01.12.1902	Lothringer Straße 44/45
Berlin NO 55	01.04.1915	Marienburger Straße 18/19
NO 55 PST II A		
NO 55 PST II B		
NO 55 PST II A	seit 1929	Greifswalder Straße 153
	1936	geschlossen
NO 55 PST II B	seit 1929	Naugarder Straße 1
	1936	geschlossen
Berlin W 56		Französische Straße 33d
zu W 8	seit 1924	Werdersche Markt 4
	11.10.1930	Französische Straße 33b/c
	1942	geschlossen
Berlin W 57	31.08.1889	Steinmetzstraße 21
Berlin N 58	01.04.1917	Eberswalder Straße 8/9
N 58 PST II A		
N 58 PST II A	seit 1930	Wörther Straße 12
	1945	geschlossen

Postamt Berlin	Eröffnung/Umzug	Anschrift
Berlin S 59		Boeckhstraße 11
Berlin NO 60 zu NO 55	14.07.1930 August 1940	Greifswalder Straße 152 geschlossen
Berlin SW 61	01.12.1901	Tempelhofer Ufer 1
Berlin W 62	29.11.1896 16.12.1933 15.12.1943 1945	Landgrafenstraße 1-2 Kurfürstenstraße 75 Kurfürstenstraße 114 geschlossen
Berlin C 63	seit 1900 ab 1939	Neue Friedrichstraße 14/17 Neue Friedrichstraße 12/15 (für den allgemeinen Verkehr nicht zugänglich)
Berlin NW 64 zu NW 7	25.11.1929 seit 1941 23.11.1943	Unter den Linden 43 Unter den Linden 16 geschlossen
Berlin N 65 N 65 PST II A N 65 PST II B N 65 PST II C N 65 PST II D	 11.03.1928	Nazerethkirchstraße 49a Gerichtsstraße 50/51
N 65 PST II A	seit 1930 vor 1936	Müllerstraße 77 geschlossen
N 65 PST II B	vor 1930 ab 1938 1943	Hennigsdorfer Straße 12 Utrechter Straße 28 geschlossen
N 65 PST II C	vor 1930 1940	Brüsseler Straße 36 geschlossen
N 65 PST II D	vor 1930 1936	Fehmarner Straße 1 geschlossen

Postamt Berlin	Eröffnung/Umzug	Anschrift
Berlin W 66 1924-ZwPA zu W 8	06.12.1897	Mauerstraße 69-75
Berlin O 67 zu O 34		Petersburger Straße Zentralviehhof Eldenaer Straße 37/38
	1945	geschlossen
Berlin SW 68	seit 1905	Lindenstraße 30
	1945	geschlossen
Berlin W 69		Kurfürstenstraße 101/ Nürnberger Straße 69a
	1923	aufgehoben
Berlin N 69 ZwPA zu N 65	seit 1936	Torfstraße 14
Berlin W 71 zu W 35	08.10.1929 Februar 1940	Potsdamer Straße 122 a/b geschlossen
Berlin W 73 zu W 57	02.06.1913	Elßholzstraße 32 (Kammergericht)
	1945	geschlossen
Berlin NO 74 zu NO 55		Braunsberger Straße 14
	1945	aufgehoben
Berlin W 75 1929-ZwPA W 8	29.11.1929	Friedrichstraße 59/60 Moka Efti
	15.06.1931	geschlossen
Berlin C 76 zu C 1 bis 1930 ab 1930 zu C 2	24.03.1934	Hackescher Markt 4 Neue Promenade 6
	1939	geschlossen
Berlin SW 77	01.04.1914	Luckenwalder Straße 4/5

Postamt Berlin	Eröffnung/Umzug	Anschrift
Berlin W 80 zu W 50	01.05.1905 seit 1935 22.11.1943	Prager Straße 13 Prinzregentenstraße 1 geschlossen
Berlin W 81 zu W 57	April 1913 seit 1936 seit 1937 1939	Zietenstraße 27 Zietenstraße 3 Bülowstraße 15 aufgehoben
Berlin S 84 zu S 59	seit 1919 21.10.1933 seit 1935 1939	Camphausenstraße 21 *Straßenumbenennung* Körtestraße 21 Körtestraße 33 geschlossen
Berlin NW 87	01.04.1905 27.06.1936	Beusselstraße 1-2 Levetzowstraße 11/ Agricolastraße 23
Berlin N 90 zu N 54	01.10.1902 seit 1925 08.02.1940	Anklamer Straße 43 Brunnenstraße 159 geschlossen
Berlin NO 92 zu NO 18	seit 1913	Elbinger Straße 88
Berlin SO 93 zu SO 36	01.04.1913 seit 1928 1942	Plesser Straße 7 Lohmühlenstraße 52 geschlossen
Berlin O 94 zu O 17	01.11.1910 seit 1927 seit 1937 1942	Friedensstraße 80 Friedensstraße 77 Große Frankfurter Straße 4 geschlossen
Berlin N 96 zu N 65	18.08.1930 1939	Togostraße 76 geschlossen

Postamt Berlin	Eröffnung/Umzug	Anschrift
Berlin O 98 zu O 17	01.11.1906 1939	Stralauer Allee 34a geschlossen
Berlin O 99 zu O 27	März 19 **ab 1938**	Blumenstraße 80/81 **Berlin C 99**
Berlin C 99	ab 1938 09.02.1940	Blumenstraße 80/81 geschlossen
Berlin SW 100	15.11.1928 1934	Jerusalemer Straße 46/50 aufgehoben
Berlin C 102 zu N 54	seit 1919 21.09.1930 1940	Münzstraße 30 Weinmeisterstraße 8 geschlossen
Berlin N 103 zu N 58	01.04.1917 1943	Senefelder Straße 30 geschlossen
Berlin W 104 zu W 8	01.07.1913 Februar 1940	Friedrich-Wilhelm-Straße 10 geschlossen
Berlin N 106 zu N 58	01.04.1917	Schönhauser Allee 127a
Berlin NW 108 zu NW 21	01.10.1906 seit 1935 1942	Wiclefstraße 52 Beusselstraße 27 geschlossen
Berlin SW 110 zu SW 11	01.10.1926 01.10.1930 seit 1931 11.08.1934	Königgrätzer Straße 112/113 Hotel Exelsior geschlossen Stresemannstraße 79 aufgehoben
Berlin C 111 zu W 10	 seit 1920 Mitte 1930er	Reichsbank Kurstraße 36-52 umbenannt Berlin SW 111

Postamt Berlin	Eröffnung/Umzug	Anschrift
Berlin SW 111 zu SW 19	Mitte der 1930er	Reichsbank Kurstraße
Berlin O 112 O 112 PST A	November 1901	Gabelsberger Straße 16
O 112 PST A	seit 1929 1931	Frankfurter Allee 89 geschlossen
Berlin N 113	01.04.1911	Bornholmer Straße 6
Berlin W 114 zu W 9	01.02.1927 31.01.1930	Wertheimhaus Leipziger Straße aufgehoben
Berlin N 115 zu N 113	seit 1928	Carmen-Sylvia-Straße 104/105

6.3. Postämter der Berliner Außenbezirke 1920 bis 1945

Als Außenbezirke werden hier die ehemaligen Vororte Berlins bezeichnet. Korrekt handelt es sich um die Postämter der Berliner Verwaltungsbezirke 7 bis 20.

Nachdem schon im April 1912 im Rahmen des kommunalen Zweckverbandes einige Vorortpostämter die Bezeichnung **Berlin** erhielten, wurde per Kabinettsorder verfügt, folgende ehemalige Vororte das Wort **Berlin** voranzustellen:

Britz, Buchholz, Dahlem, Friedenau, Friedrichsfelde *mit Karlshorst;* Grunewald, Heinersdorf, Hohenschönhausen, Johannisthal, Lankwitz, Lichtenberg, Mariendorf *mit Südende,* Marienfelde, Niederschöneweide, Niederschönhausen *mit Schönholz,* Oberschöneweide, Pankow, Reinickendorf, Rosenthal, Schmargendorf, Schöneberg, Steglitz, Stralau, Tegel, Treptow, Weißensee, Wilmersdorf und Wittenau *mit Borsigwalde.*

Für andere Postämter u. a. Adlershof, Alt-Glienicke, Charlottenburg, Cöpenick, Rudow und Spandau wurde dies erst zum Mai 1926 verfügt.

Seit Anfang der 1930er Jahre wurde nicht mehr zwischen Postämtern und Postagenturen unterschieden, sondern es wurde einheitlich von Postämtern gesprochen. Die ehemaligen Postagenturen werden ab dem 1. April 1939 zu Poststellen umbenannt. Ehemalige Poststellen wurden PST II Stadt.

Die selbständigen Postämter sind in der Zusammenstellung „**fett**" gekennzeichnet.

***

6.3. Post offices in the outskirts of Berlin from 1920 to 1945

The outskirts are the former suburbs of Berlin. Correctly these are the post offices of the Berlin administrative districts 7 to 20.

After some suburban post offices were given the name Berlin in April 1912 as part of the municipal special-purpose association, it was decreed by cabinet order to precede the following former suburbs with the word Berlin:

Britz, Buchholz, Dahlem, Friedenau, Friedrichsfelde with Karlshorst; Grunewald, Heinersdorf, Hohenschönhausen, Johannisthal, Lankwitz, Lichtenberg, Mariendorf with south end, Marienfelde, Niederschöneweide, Niederschönhausen with Schönholz, Oberschöneweide, Pankow, Reinickendorf, Rosenthal, Schmargendorf, Schöneberg, Steglitz, Stralau, Tegel, Treptow, Weißensee, Wilmersdorf and Wittenau with Borsigwalde.

For other post offices, including Adlershof, Alt-Glienicke, Charlottenburg, Cöpenick, Rudow and Spandau, this was not available until May 1926.

Since the beginning of the 1930s, a distinction was no longer made between post offices and postal agencies, but there was a single term for post offices. The former postal agencies were renamed post offices on 1 April 1939. Former post offices became PST II city.

The independent post offices are marked in „**bold**" in the compilation.

Postamt	Eröffnung/Umzug	Anschrift
Adlershof		Radickestraße 6
	01.05.1926	**Berlin-Adlershof**
	seit 1938	Radickestraße 57
Alt-Glienicke		Rudower Straße 61
	01.05.1926	**Berlin-Altglienicke**
Amalienhof		Gärtnerstraße 4
	01.05.1926	**Berlin-Amalienhof**
	seit 1930	Landesbank Siedlung Straße 59 Nr. 35
	ab 1942	geschlossen
Berlin-Baumschulenweg		Baumschulenstraße 17
	10.02.1929	Rinkartstraße 20/21
	seit 1935	Rinkartstraße 5-9
Biesdorf		Marzahner Straße 11
	01.05.1926	**Berlin-Biesdorf**
	01.11.1928	**Berlin-Biesdorf 1**
	03.05.1935	*Straßenumbenennung* Oberfeldstraße 11
	20.01.1944	*nach Bombenangriff zerstört* Oberfeldstraße 24
Berlin-Biesdorf 2 Postagentur zu PA Berlin-Biesdorf 1 1939-Poststelle I	01.11.1928	Cöpenicker Straße 13/14
	ab 1930	Köpenicker Straße 189-191
	ab 1934	Dohlengrund 73
	ab 1943	Kreuzschnabelstraße 24
Berlin-Biesdorf 3 Postagentur zu PA Berlin-Biesdorf 1	ab 1934	Köpenicker Straße 269
	ab 01.04.1939	Poststelle I

Postamt	Eröffnung/Umzug	Anschrift
Berlin-**Biesdorf** 4 Poststelle I zu PA Berlin-Biesdorf 1	15.09.1939 ab 1941 1945	Annenstraße 6 Charlottenstraße 20 kriegsbedingt geschlossen
Berlin-**Blankenburg** Postagentur 1936 – ZwPA zu PA Buchholz	seit 1922 ab 1935 ab 1937 11.05.1938	Dorfstraße 11b Dorfstraße 4a Dorfstraße 12 *Straßenumbenennung* Alt-Blankenburg 43
Blankenfelde Postagentur 1940 – ZwPA zu PA Wilhelmsruh	seit 1920 **01.05.1926** seit 1941	Hauptstraße 13 **Berlin-Blankenfelde** Hauptstraße 49
Berlin-**Bohnsdorf** Postagentur	Oktober 1922	Dorfplatz 18
Berlin-**Borsigwalde**	01.04.1912 30.03.1930 29.03.1939	Spandauer Straße 117 Behrendtstraße 4/6 *Straßenumbenennung* Jacobsweg 4/6
Berlin-**Britz**	 **01.10.1927** 01.10.1927	Chausseestraße 43 **Berlin-Britz 1** Chausseestraße 130/132
Berlin-**Britz** 2 ZwPA zu Britz1 ohne Zustellbezirk	01.10.1927 seit 1934	Hanne Nüte 62 Onkel-Herse-Straße 2
Berlin-**Britz** 3 Postagentur 1938 – ZwPA zu PA 1	01.09.1929 seit 1932 seit 1938 August 1940	Germaniapromende 12 Friedrichsbrunner Straße 19 Chauseestraße 71 geschlossen
Berlin-**Britz** 4 Postagentur	01.12.1934 10.10.1936	Buckower Chaussee 3 aufgehoben

Postamt	Eröffnung/Umzug	Anschrift
Berlin-Buch	Oktober 1923	Dorfstraße 23
	seit 1926	*Straßenumbenennung*
		Hauptstraße 23
	seit 1928	Lindenhofstraße 24
	11.05.1938	*Straßenumbenennung*
		Wiltbergstraße 5
Berlin-Buchholz	vorher	Französisch-Buchholz
	01.11.1913	Berliner Straße 8
Buckow		Chausseestraße 33
Postagentur	**01.05.1926**	**Berlin-Buckow**
	01.09.1929	**Berlin-Buckow West**
	seit 1931	Chausseestraße 67
	ab 1936	Dorfstraße 21
	29.03.1939	*Straßenumbenennung*
		Alt-Buckow 49
Berlin- Buckow Ost Postagentur Poststelle I	01.09.1929	Sprosser Weg 3
Berlin- Carolinenhof	15.05.1929	Stubenrauchstraße 7
	15.05.1930	**Berlin-Karolinenhof**
		Karolinenhofweg 13
Charlottenburg 1		Berliner Straße 63/64
	01.05.1926	**Berlin-Charlottenburg 1**
	seit 1931	Berliner Straße 62/64
Charlottenburg 2		Goethestraße 2
	01.05.1926	**Berlin-Charlottenburg 2**
Berlin- Charlottenburg 3 ZwPA zu Charlottenburg 2	05.12.1930	Bismarckstraße 11
	1940 bis 1945	vorübergehend geschlossen
Charlottenburg 4		Kantstraße 50

Postamt	Eröffnung/Umzug	Anschrift
	01.05.1926	**Berlin-Charlottenburg 4**
	16.09.1933	Leibnizstraße 38
Charlottenburg 5 PST II 5A		Schloßstraße 24-25
	01.05.1926	**Berlin-Charlottenburg 5**
Charlottenburg PST II 5A	1929 bis 1942	Riehlstraße 6a
	1943	endgültig aufgehoben
Charlottenburg 6 zu Charlottenburg 4		Neue Kantstraße 1
	01.05.1926	**Berlin-Charlottenburg 6**
Charlottenburg 7 zu Charlottenburg 4 ab 1939-zu Charlotteburg 2	April 1914	Leibnizstraße 56
	01.05.1926	**Berlin-Charlottenburg 7**
	23.09.1933	aufgehoben
	01.02.1939	Bahnhof ZOO
Charlottenburg 8 zu Charlottenburg 1	seit 1912	Keplerstraße 43
	01.05.1926	**Berlin-Charlottenburg 8**
	1945	geschlossen
Charlottenburg 9 zu Charlottenburg 5	01.10.1913	Kaiserdamm 33
	seit 1923	Soorstraße 61
	01.05.1926	**Berlin-Charlottenburg 9**
Charlottenburg 10 zu Charlottenburg 5	01.10.1913	Spandauer Berg 18
	01.05.1926	**Berlin-Charlottenburg 10**
	1943	geschlossen
Berlin- Charlottenburg 11 zu Charlottenburg 5	10.04.1931	Rüsternallee 45
	1945	geschlossen
Berlin- Charlottenburg 13 Poststelle I	seit 1942	AVUS-Nordschleife
	1945	geschlossen
Cladow (Havel)		Dorfplatz
	01.05.1926	**Berlin-Cladow**
	27.01.1931	**Berlin-Kladow**

Postamt	Eröffnung/Umzug	Anschrift
Cöpenick 1		Lindenstraße 42
	01.05.1926	**Berlin-Cöpenick 1**
	27.01.1931	**Berlin-Köpenick 1**
Cöpenick 2	seit 1929	Kaulsdorfer Straße 20
	01.05.1926	**Berlin-Cöpenick 2**
	27.01.1931	**Berlin-Köpenick 2**
Berlin-Dahlem	seit 05.05.1919	Königin-Luise-Straße 31
Berlin-Eichkamp Postagentur 1935-ZwPA zu Grunewald 1	15.08.1928	Königsweg 113
	07.07.1936	*Straßenumbenennung*
		Eichkampweg 113
	ca. 1940	Eichkampstraße 82
Falkenberg Postagentur 1937-zu Berlin- Hohenschönhausen		Dorfstraße 34
	1923	aufgehoben
	seit 1936	**Berlin-Falkenberg**
		Dorfstraße 34
Berlin-Falkenhorst Postagentur Poststelle I	15.02.1928	Stromstraße 21
	ca. 1936	Stromstraße 7
	ab 1940	Fließstraße 22
Berlin-Friedenau 1 PST II A PST II B	01.10.1918	Handjerystraße 33/36
Berlin-Friedenau 1 PST II A	01.09.1929	Lefevrestraße 19
	1942	aufgehoben
Berlin-Friedenau 1 PST II B	01.09.1929	Südwestkorso 9
	seit 1930	Offenbacher Straße 25
	ca.1940	aufgehoben
Berlin-Friedenau 2 zu PA Friedenau 1	seit 1907	Cranachstraße 8-9
Berlin-Friedenau 3	vorher	Berlin-Steglitz 2

Postamt	Eröffnung/Umzug	Anschrift
zu PA Friedenau 1	01.04.1930	Bornstraße 1
	ab 1944	Rheinstraße 34
Berlin-Friedrichsfelde	26.07.1927	Berliner Straße 105
		Straßenumbenennung
		Alt-Friedrichsfelde 105
Berlin-Friedrichsfelde Magerviehhof zu PA Friedrichsfelde	1945	Magerviehhof
		Marzahner Chaussee
		geschlossen
Friedrichshagen		Friedrichstraße 69a/70
	01.05.1926	**Berlin-Friedrichshagen**
Frohnau (Mark)	10.04.1911	Bahnhofsplatz 6
	Oktober 1922	**Berlin-Frohnau**
	seit 1929	Maximiliankorso 1
	seit 1933	Bahnhofsplatz 5a
	20.05.1937	*Straßenumbenennung*
		Ludolfinger Platz 4 und
		Zeltinger Platz 6
	12.06.1939	**Berlin-Frohnau 1**
Berlin-Frohnau 2 zu PA Frohnau 1 Poststelle 1	12.06.1939	Hubertusweg 23
		Invalidenhaus-Siedlung
		Haus 3
Gatow (Havel) Postagentur 1936-ZwPA PA Kladow		Dorfstraße 10
	01.05.1926	**Berlin-Gatow**
	03.05.1935	*Straßenumbenennung*
		Alt-Gatow 10
	15.09.1935	**Berlin-Gatow 1**
	ab 1941	Alt-Gatow 43
	später	Alt-Gatow 23
Berlin-Gatow 2 1935–ZwPA zu Spandau 1 1936-Zweigstelle Kladow	15.09.1935	Fliegerhorst
	Anfang 1940	Kladower Damm

Postamt	Eröffnung/Umzug	Anschrift
1941-PST II Stadt	1945	aufgehoben
Berlin-Grünau	seit 1920	Wilhelmstraße 17
	seit 1928	Wilhelmstraße 19
	seit 1935	**Berlin-Grünau 1**
	03.11.1938	*Straßenumbenennung* Wassersportallee 24
Berlin-Grünau Poststelle	06.07.1936	Regattabahn Tribüne (bei Veranstaltungen)
	nach 1942	geschlossen
Berlin-Grünau 2 Postagentur 1939 – Poststelle I	seit 1935	Gartenvorstadt Falkenberg Schirnerstraße 30
	ca. 1944	geschlossen
Berlin-Grünau 3 Postagentur 1939 – Poststelle I	15.09.1938	Siedlung Eigenheim II Mittelstraße Ecke Froststeig
	etwa 1940	aufgehoben
Berlin-Grunewald Zweigstelle Stadion bis 1921, Rennplatz bis 1934	01.04.1912	Bismarckallee 24
	15.08.1928	**Berlin-Grunewald 1**
Berlin-Grunewald 2 ZwPA zu Grunewald 1	15.08.1928	Friedrichsruher Straße 37
	seit 1941	Cicerostraße 30-32
Berlin-Grunewald 3 zu PA Grunewald 1	ab 1943	Lager Eichkamp
	1945	aufgehoben
Berlin-Halensee Berlin-Hallensee PST II A bzw. 1A	01.10.1912	Katharienstraße 27
Berlin-Hallensee PST II A	seit 1930	Küstriner Straße 13
	seit 1942	Küstriner Straße 10
	1945	geschossen
Berlin-Halensee 2 Zweigstelle zu Halensee 1	seit 1935	Nestorstraße 50/55 und Cicerostraße 7/8
	1945	geschlossen

Postamt	Eröffnung/Umzug	Anschrift
Haselhorst Postagentur 1931–ZwPA zu Spandau 1		Stöckelstraße 4
	01.05.1926	**Berlin-Haselhorst**
	29.08.1931	Haselhorster Damm 25
Heiligensee (Havel) Postagentur 1939-Poststelle I 1940 zu PA Tegel 1		Dorfstraße 19
	01.05.1926	**Berlin-Heiligensee**
	23.09.1938	*Straßenumbenennung*
		Alt-Heiligensee 19
Berlin-Heinersdorf zu PA Pankow		*Unbekannt*
	01.04.1929	Berliner Straße 84/85
Hermsdorf		Schloßstraße 29
	01.05.1926	**Berlin-Hermsdorf**
	01.09.1928	**Berlin-Hermsdorf 1**
	10.03.1931	Roonstraße 19-24
	18.10.1938	*Straßenumbenennung*
		Heinsestraße 32-36
Berlin-Hermsdorf 2 Postagentur 1939-Poststelle I zu PA Hermsdorf 1	01.09.1928	Bismarckstraße 82
	01.04.1929	Bismarckstraße 95
	11.03.1937	*Straßenumbenennung*
		Hermsdorfer Damm 95
Berlin-Hermsdorf 3 Postagentur 1939-Poststelle I zu PA Hermsdorf 1	15.08.1930	Burgfrauenstraße 23
	seit 1934	Seebadstraße 7
Berlin-Hirschgarten Postagentur 1939-Poststelle I	01.09.1929	Berliner Straße 3
	ca. 1943	geschlossen
Berlin-Hohenschönhausen	01.04.1912	Orankestraße 13
	01.04.1930	Werneuchner Straße 30-33
	15.09.1938	**Berlin-Hohenschönhausen 1**
Berlin-Hohenschönhausen 2 Postagentur	15.09.1938	Wartenberger Straße 11
	ca. 1944	kriegsbedingt geschlossen

Postamt	Eröffnung/Umzug	Anschrift
1939-Poststelle I		
Berlin-Johannisthal	01.11.1913	Kaiser-Wilhelm-Straße 17
	seit 1931	Königsheideweg 266
Berlin-Karlshorst	01.04.1912	Wildensteiner Straße 21
Karlshorst PST II 1 A	01.04.1930	Ehrenfelsstraße 42-44
	24.07.1937	**Berlin-Karlshorst 1**
Karlshorst PST II 1 A	seit 1939	Prinz-Adalbert-Straße 23
	1945	geschlossen
Berlin-Karolinenhof	Vorher	Berlin-Carolinenhof
	15.05.1930	**Berlin-Karolinenhof**
		Stubenrauchstraße 4
	seit 1932	Karolinenhofweg 13
	seit 1941	Vetschauer Allee 3
Karow		Bahnhofstraße 22
Postagentur	ca. 1922	**Berlin-Karow**
1934-ZwPA zu PA Buch		
Kaulsdorf		Wilhelmstraße 22
	05.05.1925	**Berlin-Kaulsdorf**
	Januar 1934	**Berlin-Kaulsdorf 1**
	11.05.1938	*Straßenumbenennung*
		Mädewalder Weg 22
	seit 1939	*Umnummerierung der Straße*
		Mädewalder Weg 61/63
Berlin-Kaulsdorf 2	Januar 1934	Köpenicker Straße 16/17
Postagentur zu	08.08.1935	*Straßenumbenennung*
Kaulsdorf 1		Chemnitzer Straße 16-17
	seit 1937	Chemnitzer Straße 195
Berlin-Kaulsdorf 3	Oktober 1938	Ridbacher Straße 121
Postagentur zu	ca. 1941	geschlossen
Kaulsdorf 1		
Kaulsdorf-Süd	seit 1920	Jägerstraße 55-58

Postamt	Eröffnung/Umzug	Anschrift
Posthilfsstelle zu Kaulsdorf 1	seit 1925	Waldstraße 24
	seit 1931	Köpenicker Straße 16/17
	Januar 1934	Umwandlung in Postagentur Berlin-Kaulsdorf 2
Berlin-Kladow Postagentur 01.05.1936 – Postamt	vorher	Berlin-Cladow
	27.01.1931	**Berlin-Kladow** Dorfplatz
	seit 1933	Sakrower Landstraße 4
Berlin-Köpenick 1 Berlin-Köpenick PST II 1A	vorher	Berlin-Cöpenick 1
	27.01.1931	**Berlin-Köpenick 1** Lindenstraße 42
Berlin-Köpenick PST II 1A	01.12.1935	Müggelheimer Straße 13/14
	1944	geschlossen
Berlin-Köpenick 2 zu PA Köpenick 1	vorher	Berlin-Cöpenick 2
	27.01.1931	**Berlin-Köpenick 2** Kaulsdorfer Straße 20
	seit 1931	Kaulsdorfer Straße 145/147
	seit ca. 1939	geschlossen
Berlin-Köpenick 3 zu PA Köpenick 1	01.10.1936	Grünauer Straße 29
	ca. Ende 1940	vorübergehend geschlossen
Berlin-Köpenick 5 Poststelle I zu PA 1	15.09.1939	Siedlung Kietzer Feld Grünetrift 96
Berlin-Konradshöhe Postagentur zu PA Tegel 1	01.12.1928	Am Falkenplatz
	seit 1934	Eichelhäherstraße 3
	seit 1936	Spechtstraße 18
Berlin-Lankwitz	01.04.1911	Victoriastraße 20/28
	18.08.1929	Kaiser-Wilhelm-Straße 60/62
	15.08.1930	**Berlin-Lankwitz 1**
Berlin-Lankwitz 2 Postagentur 1939-Poststelle I	15.08.1930	Candeandrellistraße 31
	seit 1943	Bismarckstraße 2-3

Postamt	Eröffnung/Umzug	Anschrift
zu PA Lankwitz 1		
Berlin-Lankwitz 3 Postagentur 1939-Poststelle I zu PA Lankwitz 1	seit 1934 ca. 1941	Marienfelder Chaussee 2 aufgehoben
Berlin-Lankwitz 4 Postagentur 1939-Poststelle I zu PA Lankwitz 1	seit 1936	Apoldaer Straße 38
Berlin-Lankwitz 5 Postagentur 1939-Poststelle I zu PA Lankwitz 1	seit 1936 seit 1938 seit 1940 01.10.1940	Hauptstraße 5 Alt-Lankwitz 12 Alt-Lankwitz 26 aufgehoben
Berlin-Lichtenberg 1 dazu PST 1A	seit 1908 12.04.1927	Magdalenenstraße 3-4 Dottistraße 12-16
Berlin-Lichtenberg PST 1A	seit 1930 1933	Frankfurter Allee 198 geschlossen
Berlin-Lichtenberg 2 zu Berlin-Lichtenberg 1	 1940	Möllendorfstraße 82 geschlossen
Berlin-Lichtenberg 3 zu Berlin-Lichtenberg 1	04.08.1930 11.05.1938	Friedrichstraße 10 *Straßenumbenennung* Wönnichstraße 20
Lichtenrade	 **01.01.1925** **seit 1930** 11.12.1930	Bahnhofstraße 52 **Berlin-Lichtenrade** **Berlin-Lichtenrade 1** Bahnhofstraße 5-6
Berlin-Lichtenrade 2	seit 1930 29.12.1943	Berliner Straße 34 geschlossen
Berlin- **Lichtenfelde 1** Berlin-Lichterfelde PST 1A	01.04.1912 14.04.1929	Bismarckstraße 2-3 Hindenburgdamm 1

Postamt	Eröffnung/Umzug	Anschrift
Berlin-Lichterfelde PST 1A 1939-PST II Stadt	seit 1929 1943	Holbeinstraße 1 geschlossen
Berlin-Lichterfelde 2 PA Berlin-Lichterfelde 1	vorher 14.04.1929	Berlin-Lichterfelde 1 Bismarckstraße 2-3
Berlin-Lichterfelde 3 PA Berlin-Lichterfelde 1	seit 1919 seit 1925	Steglitzer Straße 34 Drakestraße 32
Berlin-Lichterfelde 4 PA Berlin-Lichterfelde 1	seit 1915 22.03.1930 1945	Hindenburgdamm 40 Gelieusstraße 1 geschlossen
Berlin-Lichterfelde 5 Postagentur 1939-Poststelle I PA Berlin-Lichterfelde 1	März 1919 seit 1929 seit 1935 12.04.1940	Feldstraße 1 Müllerstraße 32 Feldstraße 1 geschlossen
Berlin-Lübars	seit 1924 **seit 1937**	Hauptstraße 25 **Berlin-Lübars 1**
Berlin-Lübars 2	seit 1937	Vierrutenweg 41
Mahlsdorf 1	01.06.1913 **01.05.1926** 06.04.1937	Bahnhofstraße 39 **Berlin-Mahlsdorf 1** Fritz-Reuter-Straße 8/9
Mahlsdorf 2 Postagentur	16.02.1924 01.02.1925 **01.05.1926** 01.05.1927 01.12.1927	Kastanienallee 5 geschlossen Wildenbruchstraße 9 **Berlin-Mahlsdorf 2** Kohlisstraße 18 Wildenbruchstraße 4
Berlin-Mahlsdorf 3 Postagentur 1939-Poststelle I zu PA Mahlsdorf 1	Januar 1936 11.03.1937	Köpenicker Allee 25 *Straßenumbenennung* Hultschiner Damm 143

Postamt	Eröffnung/Umzug	Anschrift
Berlin-Mahlsdorf 4 Postagentur 1942-Poststelle I zu PA Mahlsdorf 1	Januar 1936 1942 1943	Am Schlehdorn 24 geschlossen Lübecker Straße 25 geschlossen
Malchow bei Berlin	bis 1923 **seit 1924** seit 1932 seit 1940	Dorfstraße 3 **Berlin-Malchow** Dorfstraße 13 Dorfstraße 50
Berlin-Mariendorf	01.04.1912 seit 1928 seit 1929 24.09.1932 **seit 1939**	Chausseestraße 45 Prühßstraße 23 Prühßstraße 50 Königstraße 27/28 **Berlin-Mariendorf 1**
Berlin-Mariendorf 2 Poststelle I zu PA Mariendorf 1	seit 1939 ca. 1943	Chausseestraße 203 geschlossen
Mariendorf (Rennplatz) zu PA Mariendorf 1	seit 1934 1937	*nur an Renntagen* aufgehoben
Berlin-Marienfelde	seit 1906 ca. 1924 seit 1932 **seit 1939**	Kaiserallee 22 Südring 201 Kaiserallee 32 **Berlin-Marienfelde 1**
Berlin-Marienfelde 2 Poststelle I PA Marienfelde 1	seit 1939 ca. 1943	Pansfelder Weg 41 geschlossen
Berlin-Marienfelde 3 Poststelle I PA Marienfelde 1	seit 1939 1945	Emielienstraße 30 aufgehoben
Marzahn bei Berlin Postagentur 1939-Poststelle I zu PA Hohenschön	bis 1923 **01.04.1928**	Dorfaue 3 geschlossen **Berlin-Marzahn** Dorfaue 4

Postamt	Eröffnung/Umzug	Anschrift
hausen 1 01.09.1939 – ZwPA	11.05.1938 07.07.1939	*Straßenumbenennung* Alt-Marzahn 38 Dorfstraße 56
Berlin-Marzahn 2	01.04.1941 April 1945	Landsberger Chaussee geschlossen
Berlin-Marzahn-Süd Posthilfsstelle	seit 1930 1943	Pekrunstraße 29-31 Vereinshaus geschlossen
Berlin-Müggelheim Posthilfsstelle 1935-Poststelle	seit 1928 08.03.1935 seit 1935 seit 1939	Dorfstraße 26/27 *Straßenumbenennung* Gosener Damm 26/27 Oderheimer Straße 4 Alt-Müggelheim 11
Berlin- Neuheiligensee Postagentur zu PA Tegel 1 1939 – Poststelle I	01.01.1928 **01.12.1928** seit 1937 25.08.1939	Jägerweg 1-2 **Berlin-Neuheiligensee 1** Ruppiner Chaussee 309 Borsigsiedlung Straße 4 Nr. 23 *Straßenumbenennung* Thurbrucher Steig 23
Berlin- Neuheiligensee 2 Postagentur zu PA Tegel 1 1939 – Poststelle I	01.12.1928 seit 1936	Kirschallee 8/9 Kirschallee 24
Berlin-Neukölln 1	01.04.1912	Richardstraße 119-120
Berlin-Neukölln 2 zu PA Neukölln 1	01.04.1912	Leykestraße 18
Berlin-Neukölln 3 zu PA Neukölln 1	01.04.1912	Herthastraße 21/22

Postamt	Eröffnung/Umzug	Anschrift
Berlin-Neukölln 4 zu PA Neukölln 1	01.04.1912	Hobrechtstraße 66/67
Berlin-Neukölln 5 zu PA Neukölln 1	01.04.1912 seit 1940	Jan-Hus-Straße 6 Zwiestädter Straße 12
Berlin-**Nieder- schöneweide**	01.04.1912 12.04.1927	Flutstraße 2 Fennstraße 9/11
Berlin-**Nieder- schönhausen**	01.04.1912	Treskowstraße 67
Nikolassee (Wannseebahn)	**01.05.1926**	Alemannenstraße 12 **Berlin-Nikolassee**
Berlin- Oberschöneweide	01.04.1912 20.04.1937	Schillerstraße 1/ Rathausstraße 9 *Straßenumbenennung* Griechische Allee 9
Berlin-**Pankow**	seit 1922 **25.09.1929**	Wollankstraße 4 Berliner Straße 12 **Berlin-Pankow 1**
Berlin-Pankow 2 zu PA Pankow 1	08.07.1929 Anfang 1944	Pichelswerder Straße 12 geschlossen
Pichelsdorf Postagentur 1939-Poststelle I zu PA Spandau 1	**01.05.1926** seit 1941 1945	Dorfstraße 11 **Berlin-Pichelsdorf** Alt-Pichelsdorf 6a geschlossen
Plötzensee	**01.05.1926**	Saatwinkler Damm 1 **Berlin-Plötzensee**
Berlin-Plötzensee (Westhafen) Postagentur 1939-Poststelle I	01.08.1927 **01.11.1939**	Westhafenstraße **Berlin N 65 Westhafen**
Rahnsdorfer Mühle		Fichtenauer Straße 5

Postamt	Eröffnung/Umzug	Anschrift
Postagentur 1940-ZwPA zu PA Friedrichshagen	**01.05.1926** seit 1935	**Berlin-Rahnsdorf** Fichtenauer Straße 14
Berlin-**Rauchfangswerder** Posthilfsstelle zu PA Schmöckwitz	seit 1930 1945	Fährallee aufgehoben
Berlin-**Reinickendorf Ost 1** Reinickendorf Ost PST 1A	01.04.1912 10.04.1927	Residenzstraße 43/44 Residenzstraße 24-25
Reinickendorf Ost PST 1A	seit 1930 1943	Gesellschaftsstraße 9 geschlossen
Berlin-**Reinickendorf Ost 2**	01.05.1918 seit 1935	Herbststraße 10 Herbststraße 7
Berlin-**Reinicken-dorf West 3** Reinickendorf West PST 3A	01.04.1912	Scharnweberstraße 25/26
Reinickendorf West PST 3A	seit 1939 1943	August-Victoria-Allee 45 geschlossen
Berlin-**Reinicken-dorf West 4**	seit 1937 1945	Am Spandauer Weg (Kaserne) aufgehoben
Berlin-**Rosenthal 1**	01.05.1912 **ab 1933**	Niederstraße 16 **PA Berlin-Wilhelmsruh**
Berlin-**Rosenthal 2** Postagentur ab 1933 ohne Nummer zu PA Wilhelmsruh	01.05.1912 seit 1927 seit 1933	Hauptstraße 151 Lübarser Straße 4 Hauptstraße 157a
Rudow	**01.05.1926** seit 1930	Neuköllner Straße 35 **Berlin-Rudow** Neuköllner Straße 369-371

Postamt	Eröffnung/Umzug	Anschrift
	seit 1932	Neuköllner Straße 324
Berlin-**Ruhleben** Postagentur zu PA Spandau 1 ab 01.02.1936 zu PA Charlottenburg 5 1939-Poststelle I	01.12.1934 ca. 1943	Stendelweg 19 geschlossen
Berlin-**Ruhleben** (West) Posthilfsstelle zu PA Spandau 1	seit 1930 1945	Charlottenburger Chaussee geschlossen
Berlin-**Ruhleben** (Rennplatz) Postagentur 1939-Poststelle I	seit 1931 1943	*Nur an Renntagen* geschlossen
Berlin-**Rummelsburg** zu PA Lichtenberg 1	vorher 15.01.1913	Boxhagen-Rummelsburg Prinz-Albert-Straße 27
Schlachtensee	seit 1920 **01.05.1926** 31.08.1937 **seit 1938**	Victoriastraße 7 **Berlin-Schlachtensee** *Straßenumbenennung* Stöckerzeile 7 **Berlin-Zehlendorf 6**
Berlin- Schmargendorf	01.04.1912 18.02.1927 25.03.1928	Spandauer Straße 3 *Straßenumbenennung* Berkaer Straße 3 Kolberger Platz 5
Schmöckwitz Postagentur 1930-ZwPA zu PA Grünau	seit 1920 **ca. 1925** seit 1938	Seestraße 11 **Berlin-Schmöckwitz** Zum Seddinsee 34
Berlin-**Schöneberg 1**	01.04.1912	Hauptstraße 27
Berlin-Schöneberg 2 zu PA Schöneberg 1	01.07.1917 1945	Geneststraße 7/8 geschlossen

Postamt	Eröffnung/Umzug	Anschrift
Berlin-Schöneberg 3 ZwPA zu PA Schöneberg 1	01.11.1928 1944	Wexstraße 1 aufgehoben
Berlin-Schöneberg 4 ZwPA zu PA Schöneberg 1	01.04.1912 09.08.1929	Kriemhildstraße 7 *Straßenumbenennung* Naumannstraße 6
Berlin-Schöneberg 5 ZwPA zu PA Schöneberg 1	01.04.1912 21.02.1932 1943	Grunewaldstraße 42 Meraner Straße 1 aufgehoben
Siemensstadt	01.07.1919 **01.05.1926** 22.02.1931	Nonnendamm Allee 95 **Berlin-Siemensstadt** Goebelstraße 117
Berlin-Späthsfelde Postagentur zu PA Britz 1939-Postelle I zu PA Johannisthal	15.09.1938	Thujaweg 11
Spandau 1	 **01.05.1926** 15.03.1939	Potsdamer Straße 52/53 **Berlin-Spandau 1** *Straßenumbenennung und* *Umnummerierung* Carl-Schurz-Straße 13/19
Berlin-Spandau 1A Posthilfsstelle	August 1929 1931 01.04.1933 1937	Tannenweg 1 geschlossen Rauchstraße 2 geschlossen
Berlin-Spandau 2 ZwPA zu Spandau 1	01.05.1935	Warnsdorf Platz 15
Spandau 3 ZwPA zu Spandau 1	 **01.05.1926** 09.03.1930 1944	Schönwalder Straße 9 **Berlin-Spandau 3** Elisabethstraße 17/19 geschlossen

Postamt	Eröffnung/Umzug	Anschrift
Spandau 4 ZwPA zu Spandau 1	 **01.05.1926** seit 1927	Pichelsdorfer Straße 16 **Berlin-Spandau 4** Brüderstraße 37
Berlin-Spandau 5 Postagentur 1939-Poststelle I zu PA Spandau 1	01.07.1937 seit 1941 1944	Gatower Straße 80 Weinmeisterhornweg 41 geschlossen
Berlin-Spandau 6 ZwPA zu Spandau 1	01.07.1937 seit 1941 1944	Eschenweg 8 (Hakenfelde) Eschenweg 60 geschlossen
Berlin-Spandau 7 ZwPA zu Spandau 1	15.09.1941 ca. 1943	Falkenhagener Chaussee 275 geschlossen
Berlin-Spandau 8 Poststelle I zu PA Spandau 1	01.05.1941 1945	Stadtrandstraße geschlossen
Berlin-Spandau 9 ZwPA zu Spandau 1	seit 1944 1945	Egelyfuhlweg geschlossen
Berlin-Spandau 10 ZwPA zu Spandau 1	seit 1944 1945	Rhenaiastraße geschlossen
Staaken	 **01.05.1926** 18.12.1927	Bahnhofstraße 112a **Berlin-Staaken** Bahnhofstraße 107/108
Staaken Flugplatz	seit 1921 **01.05.1926** 15.02.1929 01.03.1930	 **Berlin-Staaken Flugplatz** aufgehoben wieder in Betrieb
Berlin-Steglitz 1 Steglitz PST II 1A Steglitz PST II 1B Steglitz PST II 1C Steglitz PST II 1D	01.04.1912	Bergstraße 1

Postamt	Eröffnung/Umzug	Anschrift
Steglitz PST II 1A	vor 1930	Arndtstraße 10
	seit 1939	Rathstraße 45
	1942	geschlossen
Steglitz PST II 1B	seit 1929	Heinrich-Seidel-Straße 6
	31.07.1932	geschlossen
Steglitz PST II 1C	seit 1931	Breitenbachplatz 12
	seit 1937	Breitenbachplatz 7-9
	1941	geschlossen
Steglitz PST II 1D	seit 1932	Birkbuschstraße 20
	seit 1933	Klingsorstraße 62
	seit 1939	Birkbuschstraße 20
	1945	geschlossen
Berlin-Steglitz 2 zu PA Steglitz 1	01.04.1912 31.03.1930	Feldstraße 24/25 aufgehoben und verlegt nach Friedenau (PA Friedenau 3)
Berlin-Steglitz 3 ZwPA zu PA Steglitz 1	01.05.1914 ab 1944	Albrechtstraße 88 Mariendorfer Straße 53
Berlin-Steglitz 4 ZwPA zu PA Steglitz 1	01.09.1928 23.08.1943	Sachsenwaldstraße 9 aufgehoben
Berlin-Stralau 1934-ZwPA zu O 17	01.04.1912 Ende 1944	Alt-Stralau 54-55 aufgehoben
Berlin-Südende	seit 1913 ca. 1944	Langestraße 26/Denkstraße 8 geschlossen
Berlin-Tegel	01.04.1912 **10.05.1928**	Bahnhofstraße 3 **Berlin-Tegel 1**
Berlin-Tegel 2 Postagentur 1939-Poststelle I zu PA Tegel 1	10.05.1928 seit 1929 1932	Freie Scholle 17 Freie Scholle 43 *Straßenklärung Egidystraße 43*

Postamt	Eröffnung/Umzug	Anschrift
Berlin-**Tegel 3** Postagentur 1939-Poststelle I zu PA Tegel 1	01.05.1929 seit 1933 06.08.1937 1944	Liebfrauenweg 4 Siedlung St. Josph Hermsdorfer Straße 29 *Straßenumbenennung* Waidmannsluster Damm 29 geschlossen
Berlin-**Tegel 4** Postagentur 1939-Poststelle I zu PA Tegel 1	01.04.1934 11.03.1937	Siedlung Waldidyll Breiter Weg 27 *Straßenumbenennung* Kamener Weg 27
Berlin-**Tegelort** Postagentur 1939-Poststelle I zu PA Tegel 1	 seit 1941	Walderseestraße Jörsstraße 8
Berlin-Tempelhof 1 Tempelhof PST II 1A Tempelhof PST II 1B Tempelhof PST II 1C Tempelhof PST II 1D Tempelhof PST II 1E	28.01.1917	Berliner Straße 134/135
Tempelhof PST II 1A	seit 1929 1932	Berliner Straße 19 aufgehoben
Tempelhof PST II 1B	seit 1929 seit 1934 1938	Braunschweiger Ring 4 Berliner Straße 33 aufgehoben
Tempelhof PST II 1C	seit 1929 seit 1931 1932	Gottlieb-Dunkel-Straße 59 Germaniastraße 67 aufgehoben
Tempelhof PST II 1D	seit 1930 1945	Siedlung Lindenhof Domnauerstraße 20 aufgehoben
Tempelhof	seit 1930	Friedrich-Karl-Straße 16

Postamt	Eröffnung/Umzug	Anschrift
PST II 1E	seit 1933	Werder-Straße 11
	1936	aufgehoben
Berlin-**Tempelhof 2** ZwPA zu PA Tempelhof 1	01.04.1914	Hohenzollernkorso 12
	21.04.1936	*Straßenumbenennung*
		Manfred-von-Richthofen-Straße 24
Berlin-**Tempelhof 3** ZwPA zu PA Tempelhof 1	01.08.1936	Wittelsbacher Korso 88
		Straßenumbenennung
		Boelkestraße 88
	1940	geschlossen
Berlin-**Tempelhof 4** ZwPA zu PA Tempelhof 1	16.01.1933	Germaniastraße 67
	ab 1937	Germaniastraße 99
Berlin-**Tempelhof 5** ZwPA zu PA Tempelhof 1	03.12.1935	Attilastraße 178
	ab 1944	geschlossen
Berlin-**Tiefenwerder** Posthilfsstelle zu PA Spandau 1	seit 1930	Tiefenwerder 11
	1945	aufgehoben
Berlin-Treptow	01.04.1912	
	seit 1913	Am Treptower Park 53
Berlin-**Uhlenhorst** Posthifsstelle 1935-Postagentur 1939-Poststelle I zu PA Köpenick1	01.11.1929	Eichenallee 34
	seit 1935	Dammheidestraße 40
	1945	geschlossen
Waidmannslust		Kurhausstraße 2
	01.05.1926	**Berlin-Waidmannslust**
	seit 1929	Kurhausstraße 4
Wannsee 1 Wannsee PST II 1A		Friedrich-Karl-Straße 2
	01.05.1926	**Berlin-Wannsee 1**
	08.04.1933	*Straßenumbenennung*
		Am Sandwerder 6

Postamt	Eröffnung/Umzug	Anschrift
Wannsee PST II 1A	seit 1929 1945	Königstraße 54 aufgehoben
Wannsee 2 ZwPA zu PA Wannsee 1	seit 1920 **01.05.1926** seit 1936	Chausseestraße 8 **Berlin-Wannsee 2** Chausseestraße 5
Berlin-Wannsee 3 ZwPA zu PA Wannsee 1	01.07.1928	Strandbad – Kolonnaden *(nur im Sommer geöffnet)*
Berlin-Wartenberg Postagentur 1939-Poststelle I PA Hohenschönhausen	01.07.1937	Dorfstraße 7
Berlin-Weißensee 1	November 1915	Charlottenburger Straße 140
Berlin-Weißensee 2 ZwPA zu PA Weißensee 1	bis 1924 14.07.1930 1945	Goethestraße 13 Bernkastler Straße 6 geschlossen
Berlin- Wendenschloß Postagentur 1939-Poststelle I zu PA Köpenick 1	01.09.1927 seit 1937 15.03.1939 1945	Rückerstraße 43 Eichhornstraße 33 *Straßenumbenennung* Lienhardtweg 33 geschlossen
Berlin-Wilhelmsberg 1924-ZwPA Hohenschönhausen	01.04.1912 31.03.1930	Hohenschönhausener Straße 46/47 aufgehoben
Wilhelmshagen ZwPA zu PA Frierichshagen	Oktober 1922 **Oktober 1922** 01.03.1929 14.03.1940	Wilhelmstraße 19 **Berlin-Wilhelmshagen** Wilhelmstraße 36/38 Moltkestraße 36
Berlin-Wilhelmsruh	vorher **ab 1933**	Berlin-Rosenthal 1 **Berlin-Wilhelmsruh** Niederstraße 16 Hauptstraße 32

Postamt	Eröffnung/Umzug	Anschrift
Berlin- **Wilmersdorf 1** Wilmersdorf PST II 1A Wilmersdorf PST II 1B Wilmersdorf PST II 1C Wilmersdorf PST II 1D	01.04.1912	Uhlandstraße 85
Wilmersdorf PST II 1A	ab 1929 31.03.1935	Nassauische Straße 62 geschlossen
Wilmersdorf PST II 1B	seit 1929 1931	Wiesbadener Straße 13 geschlossen
Wilmersdorf PST II 1C	seit 1929 seit 1931 seit 1932 1932	Konstanzer Straße 55 Jenaer Straße 5 Helmstedter Straße 28 geschlossen
Wilmersdorf PST II 1D	seit 1929 1931	Nauheimer Straße 26 geschlossen
Berlin-Wilmersdorf 2 ZwPA zu Wilmersdorf 1	01.04.1912	Mainzer Straße 16
Berlin-Wilmersdorf 3 ZwPA zu Wilmersdorf 1	07.07.1930	Johannisberger Straße 18
Berlin-Wilmersdorf 4 ZwPA zu Wilmersdorf 1	10.04.1931 1945	Brandenburgische Straße 19 geschlossen
Berlin-Wittenau	01.04.1912 22.10.1929	Rosenthaler Straße 43 Roedernallee 92
Berlin-Wolfsgarten Postagentur 1939-Poststelle I PA Köpenick 1	01.11.1929 seit 1931 1945	Dornröschenstraße 160 Dornröschenstraße 31 geschlossen
Zehlendorf 1 Zehlendorf PST 1A	 **01.05.1926**	Kaiserstraße 23 **Berlin-Zehlendorf 1**
Zehlendorf PST 1A	seit 1929	Reiherbeize 63

Postamt	Eröffnung/Umzug	Anschrift
	28.01.1931	geschlossen
Zehlendorf 2 ZwPA zu PA Zehlendorf 1		Lessingstraße 1
	01.05.1926	**Berlin-Zehlendorf 2**
	26.01.1935	*Straßenumbenennung* Limastraße 1
Berlin-Zehlendorf 3 ZwPA zu PA Zehlendorf 1	01.03.1931	Am Hegewinkel 74
	20.12.1931	Ladenstraße 39/40 im U-Bahnhof Onkel-Toms-Hütte
	01.08.1938	Ithweg 15
	1944	geschlossen
Berlin-Zehlendorf 4 Postagentur 1935 -ZwPA zu PA Zehlendorf 1	15.02.1933	Meiereifeld 36
	seit 1935	Hohe Kiefer 26
	1944	geschlossen
Berlin-Zehlendorf 5 ZwPA zu PA Zehlendorf 1	01.10.1938	Berliner Straße 69
	1944	geschlossen
Berlin-Zehlendorf 6 ZwPA zu PA Zehlendorf 1	seit 1938	Stöckerzeile 7
	1945	aufgehoben
Berlin-Zehlendorf 7 ZwPA zu PA Zehlendorf 1	01.05.1941	Teltower Damm 211
Berlin-Zehlendorf 8 ZwPA zu PA Zehlendorf 1	01.09.1940	Zehlendorfer Damm 108
Berlin-Zentralflughafen ZwPA zu Luftpostamt Berlin C 2 seit 1937–Berlin SW 11	seit 1927	Flughafenstraße
	1940	geschlossen

7. Die Berliner Post nach dem II. Weltkrieg

7.1. Einleitung

Nach der bedingungslosen Kapitulation wurde der Postverkehr nach den Bestimmungen der Besatzungsmächte schrittweise im Rahmen der technischen Möglichkeiten wieder aufgenommen.

Schon ab dem 18. Mai 1945 wurden für die postalische Versorgung Berlins 16 Briefstafetten und 16 Anschlussstafetten (zu Fuß oder per Fahrrad) eingerichtet, die eine feste Verbindung zwischen fast allen Berlinern Postämtern gewährleisteten. Sie diente fast ausschließlich der Zustellung von Behördenpost.

Nach der Kapitulation der deutschen Wehrmacht löste am 23. Mai 1945 der Alliierte Kontrollrat in Berlin die Reichsregierung ab. Deutschland wurde aufgeteilt in die britische, amerikanische, sowjetische und französische Zone; Groß-Berlin in vier Sektoren.

Die einzelnen Sektoren umfassten folgende Bezirke:

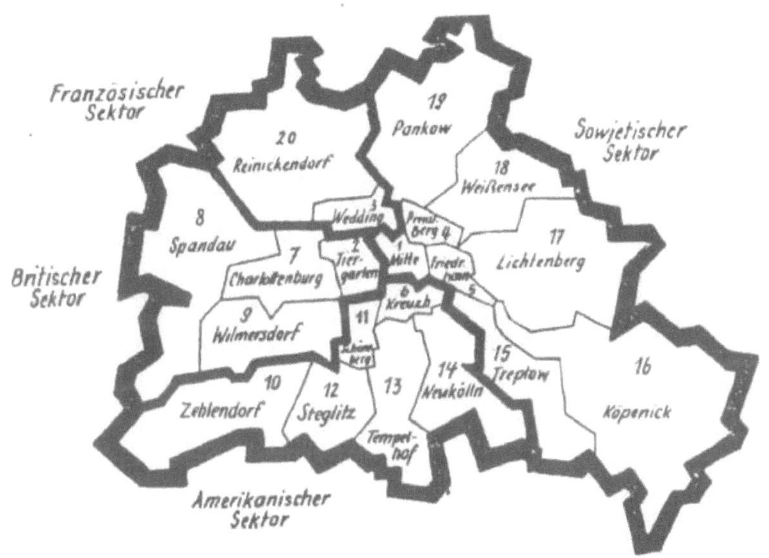

Abb. aus Walch: Berlin 1945: Ende und Wiederaufbau der Post

- Sowjetischer Sektor

1   Mitte

4   Prenzlauer Berg

5   Friedrichshain

15 Treptow *mit den Ortsteilen Treptow, Baumschulenweg, Niederschöneweide, Johanisthal, Adlershof, Altglienicke und Bohnsdorf*

16 Köpenick *mit den Ortsteilen Köpenick, Oberschöneweide, Friedrichshagen, Rahnsdorf, Hessenwinkel, Karolinenhof, Müggelheim, Schmöckwitz und Grünau*

17 Lichtenberg *mit den Ortsteilen Lichtenberg, Biesdorf, Marzahn, Friedrichsfelde, Karlshorst, Kaulsdorf und Mahlsdorf*

18 Weißensee *mit den Ortsteilen Weißensee, Hohenschönhausen, Malchow, Wartenberg und Falkenberg*

19 Pankow mit den Ortsteilen Pankow, Niederschönhausen, Blankenfelde, Buchholz, Buch, Karow, Blankenburg, Heinersdorf, und Rosenthal

- Amerikanischer Sektor

6   Kreuzberg

10 Zehlendorf *mit den Ortsteilen Zehlendorf, Dahlem, Schlachten- see, Nikolassee und Wannsee*

11 Schöneberg *mit den Ortsteilen Schöneberg und Friedenau*

12 Steglitz *mit den Ortsteilen Steglitz, Lichterfelde West, Lichter- felde Ost, Lichterfelde Süd, Lankwitz und Südende*

13 Tempelhof *mit den Ortsteilen Tempelhof, Mariendorf, Marien- felde und Lichtenrade*

14 Neukölln *mit den Ortsteilen Neukölln, Britz, Buckow West, Buckow Ost und Rudow*

- Britischer Sektor

2   Tiergarten

7   Charlottenburg *mit den Ortsteilen Charlottenburg, Westend und Ruhleben*

8   Spandau *mit den Ortsteilen Spandau, Hakenfelde, Haselhorst, Pichelsdorf, Siemensstadt, Staaken, Gatow und Kladow*

9   Wilmersdorf *mit den Ortsteilen Wilmersdorf, Schmargendorf, Grunewald und Halensee*

- Französischer Sektor

3 Wedding

20 Reinickendorf *mit den Ortsteilen Reinickendorf, Tegel, Konrads-
    höhe, Heiligensee, Frohnau, Borsigwalde, Hermsdorf, Waid-
    manslust, Lübars und Wittenau*

Am 9. Juni 1945 wurde die Sowjetische Militäradministration in Deutschland (SMAD) eingerichtet. Die Deutsche Zentralverwaltung war ab dem 27. Juli 1945 für die gesamte sowjetische Besatzungszone (SBZ) zuständig, darunter auch für das Nachrichtenwesen. Der Magistrat von Berlin gab Ende 1945 ein Telefonbuch (mit Stand 27. Juni 1945) heraus. Alle in diesem Verzeichnis verzeichneten Postämter sind mit dem Eröffnungsdatum *„seit Juni 1945"* aufgeführt, unabhängig davon, wann der tatsächliche Publikumsverkehr aufgenommen wurde. Entsprechende Daten werden ggf. zusätzlich angegeben.

Seit dem 2. August 1945 gab es einen eingeschränkten, offiziellen Postdienst in Groß-Berlin. Zugelassen waren nur Postkarten und offene private Briefe. Sie durften nur in deutscher, englischer, französischer oder russischer Sprache abgefasst werden. Gotische Schriftzeichen waren nicht zulässig.

Briefsendungen bis 1000 Gramm waren nur von Behörden und öffentlichen Betrieben zulässig. Sie durften verschlossen sein.

Im März 1948 schlossen sich die drei Westzonen zur Trizone zusammen. Vom 1. Juni 1949 an galten in den Westsektoren von Groß-Berlin für die zugelassenen Dienste die gleichen Post- und Postscheckgebühren wie im Vereinigten Wirtschaftsgebiet (Trizone).

Die Deutsche Post wurde in den Westzonen 1947 als Nachfolgerin der Reichspost gegründet und 1950 in Deutsche Bundespost und in Berlin in Deutsche Post Berlin umbenannt. In der sowjetischen Besatzungszone wurde parallel die Deutsche Post der DDR gegründet.

Nach 1945 war die in Charlottenburg gelegene Reichspostdirektion Berlin zuständig für 200 Postämter, drei Bahnpostämter, das

Postzeitungsamt, das Postscheckamt, sieben Fernsprechämter usw. Mit der Spaltung Berlins wurde im sowjetischen Sektor Berlins (Ost-Berlin) am 30. November 1948 eine „Oberpostdirektion Berlin" errichtet, die dem Ministerium für das Post- und Fernmeldewesen in Berlin W 66 unterstellt wurde. Die zentrale Behörde in West-Berlin erhielt im Januar 1951 die Bezeichnung „Senatsverwaltung für Post- und Fernmeldewesen in Berlin", und 1954 die Bezeichnung „Landespostdirektion Berlin". Sie umfasste in den 50er Jahren:

- 49 Postämter mit eigener Zustellung

- 55 Zweigpostämter, davon drei Zweigpostämter mit eigener Zustellung

- 21 Poststellen I und

- drei Poststellen II (Stadt).

***

7. The Berlin Post Office after World War II

7.1. Introduction

After the unconditional surrender, postal traffic was gradually resumed within the framework of technical possibilities in accordance with the regulations of the occupying powers. As early as May 18, 1945, 16 letter relays and 16 connecting relays (on foot or by bicycle) were set up to provide Berlin with postal services, ensuring a permanent connection between almost all Berlin post offices. It was used almost exclusively to deliver government mail. After the surrender of the German Wehrmacht, the Allied Control Council in Berlin replaced the Reich government on May 23, 1945. Germany was divided into the British, American, Soviet and French zones; Greater Berlin in four sectors.

The individual sectors included the following districts:

- Soviet sector

1 Mitte

4 Prenzlauer Berg

5 Friedrichshain

15 Treptow *with the districts of Treptow, Baumschulenweg, Niederschöneweide, Johanisthal, Adlershof, Altglienicke and Bohnsdorf*

16 Köpenick *with the districts Köpenick, Oberschöneweide, Friedrichshagen, Rahnsdorf, Hessenwinkel, Karolinenhof, Müggelheim, Schmöckwitz and Grünau*

17 Lichtenberg *with the districts Lichtenberg, Biesdorf, Marzahn, Friedrichsfelde, Karlshorst, Kaulsdorf and Mahlsdorf*

18 Weißensee *with the districts Weißensee, Hohenschönhausen, Malchow, Wartenberg and Falkenberg*

19 Pankow *with the districts Pankow, Niederschönhausen, Blankenfelde, Buchholz, Buch, Karow, Blankenburg, Heinersdorf, and Rosenthal*

- American sector

6   Kreuzberg

10 Zehlendorf *with the districts Zehlendorf, Dahlem, Schlachtensee, Nikolassee and Wannsee*

11 Schöneberg *with the districts Schöneberg and Friedenau*

12 Steglitz *with the districts Steglitz, Lichterfelde West, Lichterfelde
Ost, Lichterfelde Süd, Lankwitz and Südende*

13 Tempelhof *with the districts Tempelhof, Mariendorf, Marienfelde and Lichtenrade*

14 Neukölln *with the districts Neukölln, Britz, Buckow West,
Buckow Ost and Rudow*

- British sector

2   Tiergarten

7   Charlottenburg *with the districts of Charlottenburg, Westend
and Ruhleben*

8   Spandau *with the districts Spandau, Hakenfelde, Haselhorst,
Pichelsdorf, Siemensstadt, Staaken, Gatow and Kladow*

9   Wilmersdorf *with the districts Wilmersdorf, Schmargendorf,
Grunewald and Halensee*

- French sector

3   Wedding

20 Reinickendorf *with the districts Reinickendorf, Tegel, Konradshöhe, Heiligensee, Frohnau, Borsigwalde, Hermsdorf, Waid-
manslust, Lübars and Wittenau*

On June 9, 1945, the Soviet Military Administration in Germany
(SMAD) was established. From July 27, 1945, the German central
administration was responsible for the entire Soviet occupation
zone (SBZ), including communications. At the end of 1945, the
Berlin magistrate published a telephone book (as of June 27, 1945).
All post offices listed in this directory are listed with an opening
date of "since June 1945", regardless of when actual public traffic
began. Corresponding data may also be provided if necessary.

Since August 2, 1945, there has been a limited, official postal service in Greater Berlin. Only postcards and open private letters were permitted. They could only be written in German, English, French or Russian. Gothic characters were not permitted.

Letters weighing up to 1000 grams were only permitted from authorities and public companies. They were allowed to be locked.

In March 1948 the three western zones merged to form the Trizone. From June 1, 1949, the same postal and postal check fees applied to approved services in the western sectors of Greater Berlin as in the United Economic Area (Trizone). The Deutsche Post was founded in the western zones in 1947 as the successor to the Reichspost and was renamed Deutsche Bundespost in 1950 and in Berlin to Deutsche Post Berlin. At the same time, the GDR's Deutsche Post was founded in the Soviet occupation zone.

After 1945, the Reichspostdirektion Berlin, located in Charlottenburg, was responsible for 200 post offices, three railway post offices, the postal newspaper office, the postal check office, seven telephone exchanges, etc. With the division of Berlin, a "Oberpostdirektion Berlin" was established in the Soviet sector of Berlin (East Berlin) on November 30, 1948 ", which was subordinated to the Ministry of Post and Telecommunications in Berlin W 66. The central authority in West Berlin was given the name "Senate Administration for Post and Telecommunications in Berlin" in January 1951, and in 1954 the name "State Post Office Berlin".

In the 50s it included:

- 49 post offices with their own delivery

- 55 branch post offices, three of which are branch post offices with their own delivery

- 21 post offices I and - three post offices II (city).

7.2 Die Postämter von 1945 bis 1962 im amerikanischen, britischen und französischen Sektor: Deutsche Bundespost Berlin

Selbständige Postämter sind in der Zusammenstellung **„fett"** gedruckt. Die Zuordnung zu den Sektoren gilt für die Zeit 1945 bis 1949. Die Angaben zu den Zustellbereichen stammen aus dem Jahr 1950/52 (Straßenverzeichnis). Ab 1959 zentralisierte die Deutsche Bundespost Berlin die Verwaltungsaufgaben, die nun von weniger Postämtern (Postamt (V)) wahrgenommen wurden.

***

Independent post offices are printed in "bold" in the compilation. The allocation to the sectors applies to the period 1945 to 1949. The information on the delivery areas comes from the year 1950/52 (street directory). From 1959 onwards, the Deutsche Bundespost Berlin centralized administrative tasks, which were now carried out by fewer post offices (Postamt (V)).

Postamt Berlin	Eröffnung/ Umzug	Anschrift
NW 5 ohne eigenen Zustellbereich	seit Juni 1945 vor 1950	Perleberger Straße 5 geschlossen
W 10 ZwPA ohne eigenen Zustellbereich	seit Juni 1945 01.10.1947	Woyrschstraße 11 Genthiner Straße 11
SW 11	seit Juni 1945	Möckernstraße 138-141
W 15	seit Juni 1945	Lietzenburger Straße 25
N 20	seit Juni 1945	Osloer Straße 18/19
NW 21	seit Juni 1945	Lübecker Straße 1-2 und Turmstraße 23
NW 21 Kongreßhalle	01.10.1959	Am Tiergarten
NW 23	20.11.1961	Bartningallee 2-4

Postamt Berlin	Eröffnung/ Umzug	Anschrift
SO 26 ZwPA ohne eigenen Zustellbereich	seit Juni 1945	Adalbertstraße 14
N 28 ohne eigenen Zustellbereich	seit Juni 1945 15.11.1948	Swinemünder Straße 53 geschlossen
SW 29	seit Juni 1945	Bergmannstraße 71-72
W 30	seit Juni 1945	Geisbergstraße 7-9
N 31 ZwPA vorher N 28 mit eigenen Zustellbereich	 15.11.1948 1961	Usedomer Straße 9 Swinemünder Straße 53 Stralsunder Straße 58
W 35	seit Juni 1945	Körnerstraße 7-10
SO 36	seit Juni 1945	Skalitzer Straße 86-92
NW 40	seit Juni 1945	Invalidenstraße 79 und Friedrich-List-Ufer 9
NW 40 Kongreßhalle	 19.09.1957 01.10.1959	Kongreßhalle Am Tiergarten umbenannt NW 21
S 42 ohne eigenen Zustellbereich	seit Juni 1945	Ritterstraße 6-7
SW 47 ZwPA ohne eigenen Zustellbereich		Kreuzberger Straße 32-33
N 49 ZwPA ohne eigenen Zustellbereich	seit Juni 1945	Müllerstraße 70 b/c
W 50	seit 1958	Marburger Straße 12/13
W 51	Juli 1961	WestarpStraße 6
NW 52	14.09.1959	Friedrich-List-Ufer 1
W 57 ZwPA ohne eigenen Zustellbereich	seit Juni 1945	Steinmetzstraße 21

Postamt Berlin	Eröffnung/ Umzug	Anschrift
S 59 ZwPA	seit Juni 1945	Böckhstraße 21
SW 61	seit Juni 1945	Tempelhofer Ufer 1
N 65	seit Juni 1945	Gerichtsstraße 50/51
N 65 Westhafen	August 1950	Behalahaus
SW 68 (im Postamt S 42)	seit Juni 1945	Ritterstraße 6-7
N 69 ZwPA ohne eigenen Zustellbereich	seit Juni 1945	Torfstraße 14
SW 77 ohne eigenen Zustellbereich	seit Juni 1945	Luckenwalder Straße 4-5
NW 87	seit Juni 1945	Levetzowstraße 11 / Agricolastraße 23
N 96 ZwPA ohne eigenen Zustellbereich	seit Juni 1945 06.11.1961	Togostraße 76 Lüderitzstraße 34
N 108 ZwPA ohne eigenen Zustellbereich	15.12.1950	Huttenstraße 72
Borsigwalde	seit Juni 1945 seit 1947 ab 1950	Jacobsenweg 4-6 *Straßenumbenennung* Paul-Brusk-Weg 6 *Rückbenennung* Jacobsenweg 6
Britz 1	seit Juni 1945 27.02.1952	Chausseestraße 132 Britzer Damm 154
Britz 2 ZwPA zu Britz 1 ohne eigenen Zustellbereich	seit Juni 1945 31.07.1952	Onkel-Herse-Straße 2 Buschkrugallee 206
Buckow (Ost) Poststelle I ohne eigenen Zustellbereich	seit Juni 1945 **01.06.1952**	Sprosserweg 3 **Berlin-Buckow 2** Johannisthaler Chaussee 251a

Postamt Berlin	Eröffnung/ Umzug	Anschrift
		seit 1959 Sprosserweg 3
Buckow (West) ZwPA	seit Juni 1945	Alt-Buckow 15
	01.06.1952	**Berlin-Buckow 1**
		Alt-Buckow 15a
		seit 1960 Alt-Buckow 59
Charlottenburg 1	seit Juni 1945	Berliner Straße 62-64
		seit 1957 Otto-Suhr-Allee 80/82/84
Charlottenburg 2	seit Juni 1945	Goethestraße 2/3
Charlottenburg 3 ZwPA ohne eigenen Zustellbereich		seit 1949 Bismarckstraße 11
		seit 1957 Winscheidstraße 18
		seit 1960 Kantstraße 69
Charlottenburg 4	seit Juni 1945	Leibnizstraße 38
Charlottenburg 5 ZwPA zu Charlottenburg 9 mit eigenen Zustellbereich	seit Juni 1945	Schloßstraße 24
		seit 1949 Schloßstraße 10
		seit 1961 Spandauer Damm 27-29
Charlottenburg 6 ZwPA zu Charlottenburg 9 ohne eigenen Zustellbereich	seit Juni 1945	Heinrich-Stephan-Straße 50
	31.07.1947	*Straßenrückbenennung* Dernburgstraße 50
		seit 1948 Dernburgstraße 54
		seit 1949 Dernburgstraße 40
Charlottenburg 7 ZwPA ohne eigenen Zustellbereich		Bahnhof ZOO
Charlottenburg 8 ZwPA ohne eigenen Zustellbereich		Seit 1948 Herschelstraße 18/19
	14.06.1959	Osnabrücker Straße 1
Charlottenburg 9 ab 1959 Postamt (V)	seit Juni 1945	Soorsstraße 61/61
Charlottenburg 11 ZwPA zu Charlottenburg 9 ohne eigenen Zustellbereich		seit 1950 Rüsternallee 45

Postamt Berlin	Eröffnung/ Umzug	Anschrift
Charlottenburg 12 PST I zu Charlottenburg 9	12.03.1955	Sportforum
	01.04.1958	Hempelsteig 5
	1959	geschlossen
		danach Olympiastadion Sportforum
Charlottenburg 13 PST I zu Charlottenburg 9	seit 1956	Reichssportfeldstraße 16
Dahlem 1959 zu Postamt (V) Grunewald 1	seit Juni 1945	Königin-Luise-Straße 31
Eichkamp ZwPA ohne eigenen Zustellbereich	seit Juni 1945	Eichkampstraße 82
Friedenau 1	seit Juni 1945	Handjerystraße 33-36
Friedenau 2 ZwPA zu Friedenau 1	seit Juni 1945	Cranachstraße 8/9
Friedenau 3	03.10.1955	Bundesallee 96
Frohnau 1	seit Juni 1945	Ludolfinger Platz 4
	1950	*auch* Zeltlinger Platz 6
	30.06.1952	Ludolfinger Platz 1-3
Frohnau 2 ZwPA zu Frohnau 1 ohne eigenen Zustellbereich	seit Juni 1945	Siedlung der Invalidenstiftung Haus 3 Hubertusweg 23
Gatow ZwPA zu PA Kladow ohne eigenen Zustellbereich	seit Juni 1945	Alt Gatow 43
	1952	Gatower Straße 307-311
Grunewald 1 ab 1959 Postamt (V)	seit Juni 1945	Bismarckallee 24
	Ende 1959	Kissinger Straße 1-5
Grunewald 2 ZwPA zu Grunewald 1 ohne eigenen Zustellbereich		Cicerostraße 30-32
Grunewald 3 zu Postamt (V) Grunewald 1	02.10.1960	Bismarckallee 24

Postamt Berlin	Eröffnung/ Umzug	Anschrift
Halensee 1	seit Juni 1945	Katherinenstraße 27
	seit 1950	Georg-Wilhelm-Straße 21
Halensee 2	03.06.1952	Nestorstraße 50/51
Haselhorst ZwPA zu Spandau 1 ohne eigenen Zustellbereich	seit Juni 1945	Haselhorster Damm 25
Heiligensee PST I ohne eigenen Zustellbereich	seit Juni 1945	Alt-Heiligensee 19
	seit 1946	Alt-Heiligensee 38
	seit 1957	Hademarscher Weg 18
	seit 1960	Alt-Heiligensee 10
Hermsdorf 1 ab 1959 Postamt (V)	seit Juni 1945	Heinsestraße 32/34/36
Hermsdorf 2 PST I zu Hermsdorf 1 ohne eigenen Zustellbereich	seit Juni 1945	Hermsdorfer Damm 95
Hermsdorf 3 PST I zu Hermsdorf 1 ohne eigenen Zustellbereich	seit Juni 1945	Seebadstraße 7
Kladow ab 01.09.1956 ZwPA zu Spandau 1	seit Juni 1945	Sakrower Landstraße 4
Konradshöhe PST I ohne eigenen Zustellbereich	seit Juni 1945	Spechtstraße 18
	seit 1957	Stößerstraße 10
	seit 1958	Sandhauser Straße 8
Lankwitz 1	seit Juni 1945	Kaulbachstraße 50
	17.08.1953	Kaiser-Wilhelm-Straße 60-62
Lankwitz 2 ZwPA zu Lankwitz 1 ohne eigenen Zustellbereich	seit 1946	Kaiser-Wilhelm-Straße 51a
	25.07.1952	Dillgesstraße 14
	seit 1955	Gallwitzallee 115
	seit 1957	Brotteroder Straße 2
Lankwitz 4 ZwPA zu Lankwitz 1	seit Juni 1945	Apoldaer Straße 36

Postamt Berlin	Eröffnung/ Umzug	Anschrift
ohne eigenen Zustellbereich	seit 1946	Gallwitzallee 111-115
	1954	aufgehoben
Lichtenrade 1	seit Juni 1945	Bahnhofstraße 5/6
Lichtenrade 2 PST I zu Lichtenrade 1 ohne eigenen Zustellbereich	15.10.1951 Mai 1962	Lichtenrader Damm 87 aufgehoben
Lichterfelde 1 ab 1959 – Postamt (V)	seit Juni 1945	Hindenburgdamm 1
Lichterfelde 2 ZwPA zu Lichterfelde 1 ohne eigenen Zustellbereich	seit Juni 1945 seit 1962	Bismarckstraße 2-3 Morgensternstraße 2
Lichterfelde 3 ZwPA zu Lichterfelde 1 ohne eigenen Zustellbereich	seit Juni 1945 seit 1960	Drakestraße 32 Drakestraße 33a
Lichterfelde 4 ZwPA zu Lichterfelde 1 ohne eigenen Zustellbereich	02.01.1951	Roonstraße 39
Lichterfelde 5 PST I zu Lichterfelde 1 ohne eigenen Zustellbereich	seit 1950 seit 1960 01.10.1961	Müllerstraße 31 Berliner Straße 123a *Straßenumbenennung* Ostpreußendamm 123a
Lichterfelde 6 PST I zu Lichterfelde 1	seit 1953	Achenseeweg 4
Lübars 1 PST I zu Hermsdorf 1 ohne eigenen Zustellbereich	seit Juni 1945 31.07.1952 seit 1959	Hauptstraße 25 *Straßenumbenennung* Alt-Lübars 25 Alt-Lübars 29a
Lübars 2 PST I zu Hermsdorf 1 ohne eigenen Zustellbereich	seit Juni 1945 seit 1957	Am Vierrutenberg 41 Benneckendorfstraße 139
Mariendorf 1	seit Juni 1945	Königstraße 27/28
Mariendorf 2 ZwPA zu Mariendorf 1	seit 1952	Fruchthof Rathausstraße 42-49

Postamt Berlin	Eröffnung/ Umzug	Anschrift
Mariendorf 3 ZwPA zu Mariendorf 1	Dezember 1957	Mariendorfer Damm 241
Marienfelde	seit Juni 1945	Kaiserallee 32
Neuheiligensee 1 PST I zu Tegel 1 ohne eigenen Zustellbereich	seit Juni 1945 seit 1946 seit 1955 seit 1960	Borsigsiedlung Thurbrucher Steig 18 Ziegenorter Pfad 60 Hennigsdorfer Straße 132
Neuheiligensee 2 PST I zu Tegel 1 ohne eigenen Zustellbereich	seit 1946 seit 1947 seit 1949 seit 1959	Rheierallee 23 Kirschallee 27 Spießergasse 9 An der Hasenfurt 16
Neukölln 1 ab 1959 – Postamt (V)	seit Juni 1945 31.07.1947	Richardstraße 119/120 *Straßenumbenennung* Karl-Marx-Straße 97/98
Neukölln 2 ZwPA zu Neukölln 1 ohne eigenen Zustellbereich	seit Juni 1945	Leykestraße 18
Neukölln 3 ZwPA zu Neukölln 1 ohne eigenen Zustellbereich	seit Juni 1945	Herthastraße 21/22
Neukölln 4 ZwPA zu Neukölln 1 ohne eigenen Zustellbereich	seit Juni 1945	Hobrechtstraße 66/67
Neukölln 5 ZwPA zu Neukölln 1 ohne eigenen Zustellbereich	seit Juni 1945	Zwiestädter Straße 12
Neukölln 6 zu Neukölln 1	01.10.1952	Siriusstraße 2
Nikolassee	seit Juni 1945	Alemannenstraße 12
Plötzensee zu PA Siemensstadt mit eigenen Zustellbereich	seit Juni 1945 1946	Saatwinklerdamm 1 Saatwinklerdamm 52
Reinickendorf (Ost) 1	seit Juni 1945	Residenzstraße 24/25

Postamt Berlin	Eröffnung/ Umzug	Anschrift
ab 1959 Postamt (V)	**29.07.1952**	**Berlin-Reinickendorf 1**
Reinickendorf (Ost) 1A PST II	06.06.1952	Auguste-Victoria-Allee 45
Reinickendorf (Ost) 2 zu Reinickendorf (Ost) 1 ohne eigenen Zustellbereich	seit Juni 1945 **29.07.1952**	Provinzstraße 84 **Berlin-Reinickendorf 2**
Reinickendorf (West) 3 zu Reinickendorf (Ost) 1 ohne eigenen Zustellbereich	seit Juni 1945 **29.07.1952**	Scharnweberstraße 25 **Berlin-Reinickendorf 3** Scharnweberstraße 19
Rudow	seit Juni 1945	Neuköllner Straße 324
Ruhleben PST I ohne eigenen Zustellbereich	ab 1950 **ab 1958**	Im U-Bahnhof umbenannt in **Charlottenburg 10**
Schlachtensee	01.02.1951	Breisgauer Straße 7
Schmargendorf ZwPA zu PA Wilmersdorf	seit Juni 1945 01.10.1960	Kolberger Platz 5 aufgehoben
Schöneberg 1 ab 1959 – Postamt (V)	seit Juni 1945	Hauptstraße 27-29
Schöneberg 2 ohne eigenen Zustellbereich	seit Juni 1945 31.03.1962	Geneststraße 7/8 aufgehoben
Schöneberg 4 zu Schöneberg 1 ohne eigenen Zustellbereich	seit Juni 1945 1949 01.04.1952	Kolonnenstraße 11/12 Kolonnenstraße 32 Naumannstraße 1
Schöneberg 5 ZwPA zu Schöneberg 1	02.05.1952 29.05.1961	Grunewaldstraße 44 aufgehoben
Siemensstadt ab 1959 – Postamt (V)	seit Juni 1945 22.05.1945	Goebelstraße 117
Spandau 1 ab 1959 – Postamt (V)	seit Juni 1945 18.05.1945	Carl-Schurz-Straße 13-19
Spandau 2 ZwPA zu Spandau 1	seit 1950	Wansdorfer Platz 16

Postamt Berlin	Eröffnung/ Umzug	Anschrift
ohne eigenen Zustellbereich	11.05.1959	Reichstraße 42
Spandau 3 ZwPA zu Spandau 1	11.05.1959	Schönwalder Straße 27
Spandau 4 ZwPA zu Spandau 1 ohne eigenen Zustellbereich	seit Juni 1945 04.07.1955	Brüderstraße 37 Adamstraße 39
Spandau 5 PST I zu Spandau 1 ohne eigenen Zustellbereich	seit 1949	Bollmannweg 1
Spandau 6 PST I zu Spandau 1 ohne eigenen Zustellbereich	07.06.1951 14.02.1958	Falkenhagener Chaussee 127 *Straßenumbenennung* Falkenseer Chaussee 192
Spandau 7 zu Spandau 1	seit 1953 14.02.1958	Falkenhagener Chaussee 275 Straßenumbenennung Falkenseer Chaussee 275
Spandau 8 PST I	01.04.1954 seit 1957 01.07.1959	Fichtenweg 101 Fichtenweg 76 aufgehoben
Spandau 9	11.05.1959 1960	Schönwalder Straße 27 aufgehoben
Staaken	seit Juni 1945	Nennhauser Damm 52-54
	01.06.1952	**Postamt Staaken (West)**
Staaken zu Spandau 1 ab 01.06.1956 – ZwPA	04.04.1949 30.03.1950	Bahnhofstraße 108 *Straßenumbenennung* Spandauer Straße 108
Steglitz 1	seit Juni 1945	Bergstraße 1
Steglitz 1 A PST II ohne eigenen Zustellbereich	01.04.1947 seit 1948 seit 1959	Klingorstraße 63 Birkbuschstraße 20 aufgehoben
Steglitz 1 B PST II ohne eigenen Zustellbereich	01.05.1947	Schilhornstraße 85

Postamt Berlin	Eröffnung/ Umzug	Anschrift
	15.10.1947	Markelstraße 3
	31.05.1956	aufgehoben
Steglitz 1 C PST II ohne eigenen Zustellbereich	16.11.1953	Bismarkstraße 73
	1955	geschlossen
Steglitz 2 ZwPA zu Steglitz 1 ohne eigenen Zustellbereich	Mai 1950	Ganghoferstraße 2
Steglitz 3 ZwPA zu Steglitz 1 ohne eigenen Zustellbereich	seit Juni 1945	Mariendorfer Straße 53
	11.08.1958	Albrechtstraße 39
Steglitz 4	seit 1956	Sachsenwaldstraße 9
Steglitz 5 vorher Postamt Südende	01.05.1958	Borstellstraße 42
Südende ohne eigenen Zustellbereich		Immenweg 4
	01.09.1948	Borstellstraße 42
	01.05.1958	**Berlin-Steglitz 5**
Tegel 1	seit Juni 1945	Bahnhofstraße 3
	28.04.1961	*Straßenumbenennung* Grußdorfstraße 3
Tegel 2 PST I zu Tegel 1 ohne eigenen Zustellbereich	März 1946	Allmendeweg 79
	seit 1950	Allmendeweg 94
	seit 1954	Allmendeweg 29
Tegel 3		Waidmannsluster Damm 29
Tegel 4 PST I ohne eigenen Zustellbereich	seit Juni 1945	Kamener Weg 27
	seit 1949	Billerbecker Weg 69
	seit 1956	Sterkrader Straße 33
Teglerort PST I ohne eigenen Zustellbereich	seit 1950	Scharfenberger Straße 30
	seit 1957	Moltkestraße 36
	01.10.1961	*Straßenumbenennung* Beatestraße 36

Postamt Berlin	Eröffnung/ Umzug	Anschrift
Tegel Flughafen zu PA SW 11	02.01.1960	Flughafen
Tempelhof 1	seit Juni 1945	Berliner Straße 134/135
	31.08.1949	*Straßenumbenennung* Tempelhofer Damm 171-173
Tempelhof 2 ZwPA zu Tempelhof 1 ohne eigenen Zustellbereich	seit Juni 1945	Manfred-von-Richthofen- Straße 12
	31.08.1949	Tempelhofer Damm 6
	seit 1959	Manfred-von- Richthofen- Straße 24
Tempelhof 3 ZwPA zu Tempelhof 1 ohne eigenen Zustellbereich	seit Juni 1945	Boelkestraße 88
	15.02.1951	Attilastraße 178
Tempelhof 4 ZwPA zu Tempelhof 1 ohne eigenen Zustellbereich		Germaniastraße 99
Tempelhof 5 ZwPA zu Tempelhof 1 ohne eigenen Zustellbereich	seit Juni 1945	Attilastraße 178
	15.02.1951	Boelkestraße 88
	01.04.1962	Schöneberger Straße 11-15
Waidmannslust ab 1959 zu Postamt (V) Hermsdorf	seit Juni 1945	Kurhausstraße 4
	09.01.1961	*Straßenumbenennung* Artemisstraße 4
Wannsee 1	seit Juni 1945	Am Sandwerder 6
Wannsee 2 ZwPA zu Wannsee 1 ohne eigenen Zustellbereich	seit Juni 1945	Chausseestraße 5
Wannsee 3 ZwPA zu Wannsee 1 ohne eigenen Zustellbereich		Strandbadkolonaden
Wilmersdorf 1	seit Juni 1945	Uhlandstraße 85
Wilmersdorf 2 ZwPA zu Wilmersdorf 1 ohne eigenen Zustellbereich	seit Juni 1945	Mainzer Straße 16

Postamt Berlin	Eröffnung/ Umzug	Anschrift
Wilmersdorf 3 ZwPA zu Wilmersdorf 1	seit Juni 1945	Johannisberger Straße 18
Wittenau	seit Juni 1945	Roedernallee 92
Zehlendorf 1	seit Juni 1945	Kaiserstraße 23
Zehlendorf 2 ZwPA zu Zehlendorf 1 ohne eigenen Zustellbereich	seit Juni 1945	Limastraße 1
Zehlendorf 3 ZwPA zu Zehlendorf 1		U-Bahnhof Onkel-Toms-Hütte
	01.07.1949	**Berlin-Zehlendorf 4**
Zehlendorf 4 ZwPA zu Zehlendorf 1 ohne eigenen Zustellbereich	seit Juni 1945	Hohe Kiefer 26 (Kleinmachnow)
	01.07.1948	**Kleinmachnow/Stahnsdorf 1**
	01.07.1949	Ladenstraße 39/41 im U-Bahnhof Onkel-Toms-Hütte
Zehlendorf 5 ohne eigenen Zustellbereich	01.02.1951	Berliner Straße 69
Zehlendorf 6		Stöckerzeile 7
	31.07.1947	*Straßenumbenennung* Breisgauer Straße 7
	01.02.1951	wieder **Schlachtensee**
Zehlendorf 7 ohne eigenen Zustellbereich	seit Juni 1945	Teltower Damm 211
	seit 1960	Andreaszeile
	seit 1961	Ladiusstraße 21
Zehlendorf 8	seit Juni 1945	Zehlendorfer Damm 208
	12.07.1948	**Kleinmachnow 2 Post Stahnsdorf**

7.3 Die Postämter im sowjetischen Sektor von Berlin
später Hauptstadt der DDR (1945 bis 1964)

7.3.1 Einleitung

Im Dezember 1948 entstand nach den Jahren der Abgrenzung, auch auf dem Gebiet des Postwesens, die OPD Berlin. Ihr unterstanden zunächst lediglich 33 Postämter. Darüber hinaus gab es 37 Zweigpostämter (davon zwei außerhalb Berlins – Schönefeld und Lindenberg) sowie 17 Poststellen (davon zwei außerhalb Berlins – Hönow und Waldesruh), die den Postämtern zugeordnet waren.

Am 1. Januar 1955 wurden in Berlin selbstständige Postbetriebe geschaffen. Dadurch entstanden folgende sieben Hauptpostämter:

- Hauptpostamt **Berlin N 4** mit einem Postamt und vier Zweigpostämtern
- Hauptpostamt **Berlin W 8** mit einem Postamt und neun Zweigpostämtern
- Hauptpostamt **Berlin O 17** mit vier Postämtern und fünf Zweigpostämtern
- Hauptpostamt **Berlin N 58** mit vier Postämtern und neun Zweigpostämtern
- Hauptpostamt **Berlin-Lichtenberg** mit fünf Postämtern und sechs Zweigpostämtern
- Hauptpostamt **Berlin-Oberschöneweide** mit neun Postämtern und zwölf Zweigpostämtern
- Hauptpostamt **Berlin-Pankow** mit zwei Postämtern und neun Zweigpostämter.

Ab 1959 bis zum Anfang der 1970er Jahre wurde auch das Postamt Niederschöneweide 1 als Hauptpostamt ausgewiesen. Seine Aufgaben als Hauptpostamtes lagen Bereich des Fernmeldewesens.

In der nachfolgenden Aufstellung sind die Hauptpostämter und die selbstständigen Postämter **fett** gedruckt.

1. Zeile – Name des Postamtes und erste Anschrift nach 1945

2. Zeile – Name des zuständigen Postamtes und ggf. weitere Anschriften

7.3 The post offices in the Soviet sector of Berlin
later capital of the GDR (1945 to 1964)

7.3.1 Introduction

In December 1948, after years of demarcation, including in the postal system, the OPD Berlin was founded. Initially only 33 post offices were under its control. In addition, there were 37 branch post offices (including two outside Berlin - Schönefeld and Lindenberg) as well as 17 post offices (including two outside Berlin - Hönow and Waldesruh) that were assigned to the post offices.

On January 1, 1955, independent postal operations were created in Berlin. This resulted in the following seven main post offices:

- **Main post office Berlin N 4** with one post office and four branch post offices

- **Main post office Berlin W 8** with one post office and nine branch post offices

- **Main post office Berlin O 17** with four post offices and five branch post offices

- **Main post office Berlin N 58** with four post offices and nine branch post offices

- **Berlin-Lichtenberg main post** office with five post offices and six branch post offices

- **Berlin-Oberschöneweide main** post office with nine post offices and twelve branch post offices

- **Berlin-Pankow main post** office with two post offices and nine branch post offices.

From 1959 until the beginning of the 1970s, the Niederschöneweide 1 post office was also designated as the main post office. His tasks as the main post office were in the area of telecommunications.

In the list below, the main post offices and the independent post offices are printed in **bold**.

1st line – name of the post office and first address after 1945

2nd line – name of the responsible post office and, if applicable, other addresses

7.3.2 Die Postämter der Innenstadtbezirke 1945 bis 1964

Postamt	eröffnet ab	Anschrift
Berlin W 1	01.10.1949	Leipziger Straße 5-6
		Haus der Ministerien
	1961	*aufgehoben*
Berlin C 2	**ab Juni 1945**	Am Königsgraben 5 und
	ab 1950	Heiligengeiststraße 33
	01.08.1951	Dircksenstraße 30
Berlin N 3	**ab Juni 1945**	Oranienburger Straße 70
Paketpostamt	1952	Tucholskystraße 14
Berlin N 4	**ab Juni 1945**	Am Stettiner Bahnhof 3-5
ab 1955 HPA	ab 1946	Invalidenstraße 30
	24.05.1951	*Straßenumbenennung*
		Am Nordbahnhof 3-5
Berlin N 5	**ab Juni 1945**	Schumannstraße 20/21
	vor 1950	geschlossen
ZwPA Berlin NW 6		Marienstraße 10
HPA Berlin N 4	11.05.1946	Bahnhof Friedrichstraße
	01.06.1950	Marienstraße 10
	31.12.1974	*aufgehoben*
Berlin NW 7		Dorotheenstraße 18
Auslandspostamt	24.11.1949	Leipziger Straße 5-7
	23.09.1951	Clara-Zetkin-Straße 62-66
	11.08.1952	Clara-Zetkin-Straße 84
	1956	Ziegelstraße 21
	1959	Oranienburger Straße 70-72
	01.09.1963	Mühlenstraße 39-40
Berlin W 8	**ab Juni 1945**	Französische Straße 9-12
ab 1955 HPA		
Berlin W 9		Linkstraße 4-5
später ZwPA zu W 8		Potsdamer Platz /
ohne eigenen Zustellungsbereich		Potsdamer Bahnhof
	31.08.1961	*aufgehoben*
ZwPA Berlin C 14	30.11.1951	Dresdner Straße 34-35

Postamt	eröffnet ab	Anschrift
zu PA Berlin C 2 ab 1957 zu PA Berlin W 8 ohne eigenen Zustellungsbereich	01.11.1961	*aufgehoben*
ZwPA Berlin O 14 zu HPA Berlin O 17 ohne eigenen Zustellungsbereich	vorher 01.07.1962	Berlin SO 16 Wassergasse 1
ZwPA Berlin SO 16 zu HPA Berlin O 17 ohne eigenen Zustellungsbereich	**ab Juni 1945** 1951 1959 01.07.1962	Köpenicker Straße 122 Köpenicker Straße 127 Wassergasse 1 *in Berlin O 14 umbenannt*
Berlin O 17 ab 1955 HPA	**ab Juni 1945**	Fruchtstraße 8
Berlin NO 18	**ab Juni 1945**	Lichtenberger Straße 19
ZwPA Berlin N 24 zu HPA Berlin N 4 ohne eigenen Zustellungsbereich	**ab Juni 1945** 1959	Oranienburger Straße 35/36 *aufgehoben*
ZwPA Berlin C 25 zu PA Berlin C 2 ab 1957 HPA Berlin W 8 ohne eigenen Zustellungsbereich	**ab Juni 1945** 05.08.1951	Am Königsgaben 5 Berolinahaus Alexanderplatz 1
ZwPA Berlin O 32 zu PA Berlin O 112 ohne eigenen Zustellungsbereich	**ab Juni 1945**	Krossener Straße 1
Berlin O 34	**ab Juni 1945**	Boxhagener Straße 111
ZwPA Berlin C 43 zu PA Berlin C 2 ohne eigenen Zustellungsbereich	**ab Juni 1945**	Neue Königstraße 70
Berlin N 54	**ab Juni 1945** 03.01.1951	Lothringer Straße 44/45 *Straßenumbenennung* Wilhelm-Pieck-Straße 105-108
Berlin NO 55	**ab Juni 1945**	Marienburger Straße 18-19
ZwPA Berlin W 56 ab 1955 zu HPA Berlin W 8 ohne eigenen Zustellungsbereich	16.01.1956 02.07.1958	Jägerstraße 42 *Straßenumbenennung* Otto-Nuschke-Straße 52
Berlin N 58 ab 1955 HPA	**ab Juni 1945**	Eberswalder Straße 6-9

Die Postämter der Innenstadtbezirke 1945 bis 1964

Postamt	eröffnet ab	Anschrift
ZwPA Berlin NO 60 ohne eigenen Zustellungsbereich	**ab Juni 1945** 01.12.1945	Greifswalder Straße 162
ZwPA Berlin C 63 ohne eigenen Zustellungsbereich	**ab Juni 1945** 23.09.1951 31.10.1953	Neue Friedrichstraße 12-15 *Straßenumbenennung* Littenstraße 12-15 *für den allgemeinen Verkehr* *nicht zugelassen* *aufgehoben*
ZwPA Berlin NW 63 zu HPA Berlin W 8 ohne eigenen Zustellungsbereich	seit Juli 1957 01.07.1961	Clara-Zetkin-Straße 84 *aufgehoben*
ZwPA Berlin NW 64 zu HPA Berlin W 8 ohne eigenen Zustellungsbereich	01.06.1950	Im Bahnhof Friedrichstraße
ZwPA Berlin W 66 zu HPA Berlin W 8 ohne eigenen Zustellungsbereich	**ab Juni 1945** 01.09.1945	Mauerstraße 69 und Leipziger Straße 7
ZwPA Berlin O 67 zu PA Berlin O 34 ohne eigenen Zustellungsbereich	01.08.1951	Bersarinstraße 73
ZwPA Berlin NO 74 Zu PA Berlin NO 55	16.03.1957	Woldenburger Straße 17
ZwPA Berlin C 76 zu PA Berlin C 2 ab 1957 HPA Berlin W 8 ohne eigenen Zustellungsbereich	**ab Juni 1945**	Neue Promenade 6
ZwPA Berlin NO 92 PA Berlin NO 18 ohne eigenen Zustellungsbereich	**ab Juni 1945** 27.02.1950	Elbinger Straße 88 Dimitroffstraße 240
ZwPA Berlin SO 93 zu PA Treptow 1 ohne eigenen Zustellungsbereich	01.08.1951 **01.02.1964**	Bouchèstraße 20/21 **Postamt Berlin-Treptow 2**
ZwPA Berlin O 94 zu HPA Berlin O 34	22.03.1953 13.11.1961	Stalinallee 189 *Straßenumbenennung* Karl-Marx-Straße 101

Postamt	eröffnet ab	Anschrift
ZwPA Berlin O 98 zu HPA Berlin O 17 ohne eigenen Zustellungsbereich	**ab Juni 1945** 02.08.1945	Stralauer Straße 34a
ZwPA Berlin N 103 zu HPA Berlin N 58 ohne eigenen Zustellungsbereich		Senefelder Straße 30
ZwPA Berlin N 106 zu HPA Berlin N 58 ohne eigenen Zustellungsbereich	**ab Juni 1945** 01.08.1951	Schönhauser Allee 127a
Berlin C 111 zu PA Berlin C 2 ohne eigenen Zustellungsbereich		Kurstraße 36-51 1960 aufgehoben
Berlin O 112	**ab Juni 1945**	Gabelsberger Straße 16
Berlin N 113	**ab Juni 1945**	Bornholmer Straße 6
ZwPA Berlin N 115 zu PA Berlin N 113 ohne eigenen Zustellungsbereich	**ab Juni 1945** 04.06.1954	Carmen-Sylvia-Straße 104/105 Erich-Weinert-Straße 17

7.3.3 Die Postämter der Außenstadtbezirke 1945 bis 1964

Postamt Berlin-	**eröffnet ab Anschrift**
Adlershof	**ab Juni 1945** Radickestraße 57
	24.06.1960 *Straßenumbenennung*
	Peter-Kast-Straße 57
ZwPA Altglienicke zu PA Grünau 1	**ab Juni 1945** Rudower Straße 61
Baumschulenweg	**ab Juni 1945** Rinkartstraße 5-9
Biesdorf 1	**ab Juni 1945**
	August 1945 Oberfeldstraße 24
	1946/1947 *Straßenumbenennung*
	Ernst-Thälmann-Straße 24
	ab 1952 *wieder* Oberfeldstraße 24
	08.09.1954 Oberfeldstraße 1b-1d
PST I Biesdorf 2 zu PA Biesdorf 1 ohne eigenen Zustellungsbereich	**ab Juni 1945**
	seit 1946 Grabensprung 138
	seit 1955 Gleiwitzer Straße 4
	seit 1959 Grabensprung 155
PST I Biesdorf 3 zu PA Biesdorf 1 ohne eigenen Zustellungsbereich	**ab Juni 1945** Köpenicker Straße 269 *bis 1947*
	23.01.1948 Erwinstraße 4 *bis 30.01.1956*
	07.08.1956 Köpenicker Straße 248
	06.03.1957 Köpenicker Straße 269
	31.03.1962 geschlossen
	18.07.1962 Guntramstraße 6
PST I Biesdorf 4 zu PA Biesdorf 1 ohne eigenen Zustellungsbereich	01.10.1950 Charlottenstraße 20
	01.02.1955 Oberfeldstraße 144
	Ende 1957 Weizenweg 84
	1958 geschlossen
ZwPA Biesdorf 5 zu PA Biesdorf 1	01.12.1954 Studentenwohnheim
	Oberfeldstraße 111-131
ZwPA Blankenburg zu PA Pankow 1	**ab Juni 1945** Alt-Blankenburg 43
ZwPA Blankenfelde zu PA Wilhelmsruh	**ab Juni 1945** Hauptstraße 49
	seit 1948 Hauptstraße 5

Postamt Berlin-	eröffnet ab	Anschrift
ZwPA Bohnsdorf zu PA Grünau 1	**ab Juni 1945**	
	seit 1946	Elsterstraße 28
	seit 1947	Dorfplatz 11
ZwPA Buch PA Pankow 1	**ab Juni 1945**	Wiltbergstraße 5
ZwPA Bucholz PA Pankow 1	**ab Juni 1945**	Berliner Straße 8
PST I Falkenhorst PA Grünau 1 ohne eigenen Zustellungsbereich	**ab Juni 1945**	Fließstraße 22
	01.01.1952	Schulzendorfer Straße 54
Friedrichsfelde	**ab Juni 1945**	Alt-Friedrichsfelde 105
Friedrichshagen	**ab Juni 1945**	Friedrichstraße 69a
	August 1945	*Straßenumbenennung* Wilhelm-Bölsche-Straße 69a
	31.07.1947	*Straßenumbenennung* Bölschestraße 69a
Grünau	**ab Juni 1945**	Wassersportallee 24
	01.12.1950	**PA Grünau 1**
PST I Grünau 2 zu PA Grünau 1	01.12.1950	Schirnerstraße 4
	02.07.1954	Am Falkenberg 38
ZwPA Heinersdorf zu PA Pankow 1	**ab Juni 1945**	Berliner Straße 84/85
PST I Hessenwinkel zu PA Friedrichshagen	seit 1957	Ahornstraße 8
	seit 1961	Lindenstraße 23
ZwPA Hirschgarten zu PA Friedrichshagen	05.10.1961	Jastrower Weg
Hohenschönhausen 1	**ab Juni 1945**	Werneuchener Straße 30-33
	ab 1960	Werneuchener Straße 31-33
PST I Hohenschönhausen 2	**ab Juni 1945** Dezember 1945	Wartenberger Straße 11
Johannisthal	**ab Juni 1945**	Königsheideweg 264
	August 1949	Königsheideweg 271

Die Postämter der Außenstadtbezirke 1945 bis 1964

Postamt Berlin-	eröffnet ab	Anschrift
Karlshorst	**ab Juni 1945**	Ehrenfelsstraße 42-44
		nicht öffentlich, Publikumsverkehr über
		Kiosk am Bahnhofsvorplatz
	10.07.1946	Treskowallee 88
	seit 1955	**PA Karlshorst 1**
	27.10.1958	Ehrenfelsstraße 42-44
ZwPA Karlshorst 2	seit 1955	Treskowallee 44
zu PA Karlshorst 1	15.07.1961	*Straßenumbenennung*
		Hermann-Duncker-Straße 6
PST I Karolinenhof	**ab Juni 1945**	Vetschauer Allee 3
zu PA Grünau 1	seit 1946	Vetschauer Allee 26
ohne eigenen Zustellungsbereich	seit 1950	Vetschauer Allee 4
	seit 1955	Vetschauer Allee 3
	25.06.1964	Vetschauer Allee 16
ZwPA Karow	**ab Juni 1945**	Bahnhofstraße 22
zu PA Buch		
Kaulsdorf 1	**ab Juni 1945**	Mädewalder Weg 61/63
ZwPA Kaulsdorf 2	**ab Juni 1945**	Chemnitzer Straße 195
zu PA Kaulsdorf 1		
ohne eigenen Zustellungsbereich		
Köpenick 1	**ab Juni 1945**	Lindenstraße 42
ZwPA Köpenick 2	01.03.1949	Kaulsdorfer Straße 145/147
zu PA Köpenick 1	seit 1959	Mahlsdorfer Straße 39
ZwPA Köpenick 3	**ab Juni 1945**	Grünauer Straße 29
zu PA Köpenick 1		
ohne eigenen Zustellungsbereich		
PST I Köpenick 4	15.01.1955	Rotkäppchenstraße 38
zu PA Köpenick 1	1960 bis 1963	*geschlossen*
ohne eigenen Zustellungsbereich	02.05.1963	Kaulsdorfer Straße 164
PST I Köpenick 5	März 1949	Pritstabelstraße 26
zu PA Köpenick 1		
ohne eigenen Zustellungsbereich		

Postamt Berlin-	**eröffnet ab**	**Anschrift**
Lichtenberg 1 ab 1955 HPA	**ab Juni 1945** 31.07.1951 13.11.1961	Siegfriedstraße 202 Stalinallee 488-498 *Straßenumbenennung* Frankfurter Allee 204-206
ZwPA Lichtenberg 2 zu PA Lichtenberg 1 ohne eigenen Zustellungsbereich	seit 1950 seit 1952	Scheffelstraße 12 Möllendorfstraße 87
ZwPA Lichtenberg 3 zu PA Lichtenberg 1 ohne eigenen Zustellungsbereich	**ab Juni 1945**	Wönnichstraße 20
Lichtenberg 4 zu HPA Lichtenberg 1	seit 1955	vorher PA Rummelsburg Nöldnerstraße 26/27
ZwPA Lindenberg zu PA Hohenschönhausen 1	Seit 1946 01.10.1959	Karl-Marx-Straße 2 *Lindenberg gehörte nicht zu Berlin* *wurde jedoch im Postverzeichnis* *zeitweise so angegeben* *zu HPA Bernau*
Mahlsdorf 1	**ab Juni 1945**	Fritz-Reuter-Straße 8-9
PST I Mahlsdorf 2 zu PA Mahlsdorf 1 ab 1955 ZwPA zu Mahlsdorf 1	**ab Juni 1945** seit 1946 seit 1948	 Kohlisstraße 8 Hultschiner Damm 19
PST I Mahlsdorf 3 zu PA Mahlsdorf 1	**ab Juni 1945** 1958 04.06.1962	Hultschiner Damm 143 *geschlossen* Bruchsaler Straße 43
PST I Mahlsdorf 4 zu PA Mahlsdorf 1	**ab Juni 1945** seit 1961	Lübecker Straße 25 Hermelinweg 12
ZwPA Malchow zu PA Hohenschönhausen 1	**ab Juni 1945** 01.03.1946 seit 1948 seit 1959	 Dorfstraße 37 Dorfstraße 7 Dorfstraße 46
ZwPA Marzahn zu PA Hohenschönhausen 1 ab 01.01.1956 PA Biesdorf 1	**ab Juni 1945** 01.10.1961	Alt-Marzahn 56 Alt-Marzahn 38

Die Postämter der Außenstadtbezirke 1945 bis 1964

Postamt Berlin-	eröffnet ab	Anschrift
ZwPA Müggelheim zu PA Köpenick 1	**ab Juni 1945**	Alt-Müggelheim 11
Niederschöneweide	**ab Juni 1945** ab 01.10.1959	Fennstraße 9-11 **PA Niederschöneweide 1**
PST I Niederschöneweide 2 zu PA Niederschöneweide 1	01.10.1959	Bruno-Bürgel-Weg 20
Niederschönhausen	**ab Juni 1945** ab 1958	Treskowstraße 67 PA Niederschönhausen 1
ZwPA Niederschönhausen 2 zu PA Niederschönhausen 1 seit 1962 PST I	seit 1958 seit 1962	Dietzgenstraße 92 Dietzgenstraße 83
Oberschöneweide ab 1955 HPA	**ab Juni 1945** 28.08.1946 Mai 1950	Griechische Allee 22 Wilhelminenhofstraße 89a Schillerpromenade 1
Pankow 1 ab 1955 HPA	**ab Juni 1945**	Berliner Straße 12
ZwPA Pankow 2 zu PA Pankow 1 ohne eigenen Zustellungsbereich	ab 1946	Pichelswerder Straße 12
Pankow 3	02.05.1964	Elsa-Brandström-Straße 15
ZwPA Rahnsdorf zu PA Friedrichshagen	**ab Juni 1945** 04.11.1951	Fichtenauer Straße 14 Fürstenwalder Allee 939
ZwPA Rosenthal zu PA Wilhelmsruh ohne eigenen Zustellungsbereich	**ab Juni 1945** seit 1954	Hauptstraße 157a Schönhauser Straße 2
Rummelsburg zu PA Lichtenberg 1	**ab Juni 1945** 31.07.1947 ab 1955	Prinz-Albrecht-Straße 26/27 *Straßenumbenennung* Nöldnerstraße 26/27 PA Berlin-Lichtenberg 4
ZwPA Schmöckwitz zu PA Grünau 1	**ab Juni 1945** ca. 1952	Berliner Straße 5 Am Seddinsee 34

Postamt Berlin-	eröffnet ab	Anschrift
ZwPA Schönefeld zu PA Grünau 1	Ende 1945	Mittelstraße 4
ZwPA Schönefeld 2 zu PA Grünau 1	1957 1962	Flughafen **ZwPA Schönefeld 3**
ZwPA Schönefeld 3 zu PA Grünau 1	23.07.1962	Zentralflughafen
PST I Spätsfelde zu PA Baumschulenweg	**ab Juni 1945** 1949 01.10.1957	Thujaweg 11 Aprikosensteig 35 Alpenrosenweg 65
Staaken über Falkensee	**ab Juni 1945** bis 1955	Nennhauser Damm 32-34
Treptow	**ab Juni 1945** 14.08.1950 01.02.1963	Am Treptower Park 53 Am Treptower Park 32 **PA Treptow 1**
Treptow 2 zu PA Treptow 1	Vorher PA SO 93 01.02.1964	Bouchèstraße 20/21
PST I Waldesruh über Berlin-Mahlsdorf zu PA Mahlsdorf 1 ohne eigenen Zustellungsbereich		Kantstraße 44 Waldesruh gehörte nicht zum Stadtgebiet von Berlin
PST I Wartenberg zu PA Hohenschönhausen 1 ab 1955 ZwPA zu HPA N 58 ab 01.07.1957 ZwPA zu PA Hohenschönhausen 1	**ab Juni 1945** 01.06.1951 1955	Dorfstraße 7 Dorfstraße 6 Dorfstraße 21
Weißensee 1 ab 1955 HPA	**ab Juni 1945**	Charlottenburger Straße 140
ZwPA Weißensee 2 zu PA Weißensee1	01.07.1949	Rennbahnstraße 4
ZwPA Weißensee 3 zu PA Weißensee1	16.02.1959	Heinersdorfer Straße 33a
ZwPA Wendenschloß	ca. 1955	Buchhornstraße 29

Postamt Berlin-	eröffnet ab	Anschrift
zu PA Köpenick 1 1961 – PST I	24.06.1960	*Straßenumbenennung* Zum Langensee 29
PA Wernsdorf	seit 1951 bis 1953	Dorfstraße 2 *danach Wernsdorf über Erkner*
ZwPA Wilhelmshagen zu PA Friedrichshagen	**ab Juni 1945** 31.05.1951 1952 1955	Moltke-Straße 36 *Straßenumbenennung* Eichbergstraße 33-35 Eichbergstraße 38-40 Eichbergstraße 36
Wilhelmsruh	**ab Juni 1945**	Hauptstraße 32

8. Die Postämter und ihre Postleitzahlen in Berlin (West)

8.1. Einleitung

In der Bundesrepublik wurden im Jahr 1962 Postleitzahlen eingeführt. Berlin (West) erhielt einheitlich die Postleitzahl „1" bzw. später (ab 1974) mit der Umstellung auf durchgehend vierstellige Postleitzahlen, die „1000".

Entscheidend für die Zustellung von Sendungen war die Angabe des entsprechenden Zustellpostamtes.

Nach der Einführung des neuen bundesdeutschen Postleitzahlensystems 1962 wurden die Nummern der Alt-Berliner Zustellbezirke Berlin W 15, Berlin NW 21, Berlin W 30, Berlin SO 36, Berlin SW 61 und Berlin N 65 ohne die Richtungsangaben weitergeführt, ebenso die Nummer des Postamtes Berlin SW 11 als Berlin 11. Aus Berlin-Charlottenburg 1, 2 und 9 wurden Berlin 10, Berlin 12 und Berlin 19. Die anderen Zustellpostämter erhielten neue, bislang nicht vergebene zweistellige Nummern, die einem geografisch gegliederten System folgten (mit 2 beginnende Nummern im Norden, mit 3 beginnende im Südwesten usw.). Sie fügten sich nicht in die bisher geltenden Alt-Berliner Nummern ein.

***

8. The post offices and their postal codes in Berlin (West)

8.1. Introduction

Postal codes were introduced in the Federal Republic in 1962. Berlin (West) received the postal code "1" and later (from 1974) with the change to four-digit postal codes, the "1000". The decisive factor for the delivery of shipments was the indication of the corresponding delivery post office. After the introduction of the new federal German postal code system in 1962, the numbers of the old Berlin delivery districts Berlin W 15, Berlin NW 21, Berlin W 30, Berlin SO 36, Berlin SW 61 and Berlin N 65 continued without the directional information, as did the number of the Berlin post office SW 11 as Berlin 11. Berlin-Charlottenburg 1, 2 and 9 became

Berlin 10, Berlin 12 and Berlin 19. The other delivery post offices received new, previously unassigned two-digit numbers that followed a geographically structured system (numbers starting with 2 in the north , starting with 3 in the southwest, etc.). They did not fit into the previously valid old Berlin numbers.

***

Dies waren im Einzelnen:

- Berlin 11 (Zentrale Sortierstelle)
- Berlin 10 (Charlottenburg)
- Berlin 12 (Charlottenburg)
- Berlin 13 (Charlottenburg-Nord und Siemensstadt)
- Berlin 15 (Charlottenburg und Wilmersdorf)
- Berlin 19 (Charlottenburg)
- Berlin 20 (Spandau, Staaken und Haselhorst)
- Berlin 21 (Moabit)
- Berlin 22 (Gatow und Kladow)
- Berlin 26 (Wittenau)
- Berlin 27 (Tegel, Konradshöhe und Heiligensee)
- Berlin 28 (Frohnau, Hermsdorf, Lübars und Waidmannslust)
- Berlin 30 (Schöneberg-Nord und Tiergarten-Süd)
- Berlin 31 (Wilmersdorf), *zusammen mit Postamt Berlin 15*
- Berlin 33 (Grunewald, Schmargendorf und Dahlem)
- Berlin 36 (Kreuzberg-Ost)
- Berlin 37 (Zehlendorf)
- Berlin 38 (Nikolassee)
- Berlin 39 (Wannsee)
- Berlin 40
- Berlin 41 (Steglitz und Friedenau)
- Berlin 42 (Tempelhof und Mariendorf)
- Berlin 44 (Neukölln)

- Berlin 45 (Lichterfelde)
- Berlin 46 (Lankwitz)
- Berlin 47 (Britz, Buckow und Rudow)
- Berlin 48 (Marienfelde)
- Berlin 49 (Lichtenrade)
- Berlin 51 (Reinickendorf-Ost)
- Berlin 52 (Reinickendorf-West)
- Berlin 61 (Kreuzberg-West)
- Berlin 62 (Schöneberg-Süd)
- Berlin 65 (Wedding)
- Berlin 77 (Verzollungszentrum)

8.2 Die Zustellpostämter Berlin (West) ab 1.Oktober 1962

Postamt (V) Berlin 10 — Otto-Suhr-Allee 8
vorher PA Charlottenburg 1 — *ab 01.11.1968 ohneVerwaltungsdienst*
später Otto-Suhr-Allee 62
ab 01.07.1993 Postbank Postamt Berlin 10 – 10585 Berlin

Postamt (V) Berlin 11 — Möckernstraße 135
vorher Berlin SW 11 — *ab 01.07.1993 Postamt Berlin 11 – 10963 Berlin*

Postamt (V) Berlin 12 — Goethestraße 2
vorher PA Charlottenburg 2 — *ab 01.07.1993 Postamt Berlin 12 – 10623 Berlin*
seit dem 11.10.2010 geschlossen

Postamt (V) Berlin 13 — Goebelstraße 117
vorher PA Siemensstadt — *ab 01.10.1968 ohne Verwaltungsdienst*
ab 01.07.1993 Postamt Berlin 13 – 13629 Berlin

Postamt (V) Berlin 15 — Lietzenburger Straße 93
vorher Berlin W 15 — *ab 01.06.1966 ohne Verwaltungsdienst*
ab 01.07.1993 Postamt Berlin 15 – 10719 Berlin

Postamt (V) Berlin 19 — Soorstraße 61
vorher Postamt Charlottenburg 9 — *ab 01.10.1968 ohne Verwaltungsdienst*
ab 01.07.1993 Postamt Berlin 19 – 14050 Berlin

Postamt (V) Berlin 20 — Carl-Schurz-Straße 13
vorher Postamt Spandau 1 — *seit 06.10.1980* Klosterstraße 20
ab 01.07.1993 Postbank Postamt Berlin 20 – 13597 Berlin
Klosterstraße 38
seit 1995 geschlossen

Postamt (V) Berlin 21 — Lübecker Straße 1
vorher Berlin NW 21 — *ab 01.02.1969 ohne Verwaltungsdienst*
ab 01.07.1993 Postamt Berlin 21 – 10559 Berlin

Postamt Berlin 21 Kongresshalle — Kongresshalle
ab 21.05.1980 geschlossen

Postamt Berlin 22 — Sakrower Landstraße 4
vorher Postamt Kladow — *ohne Verwaltungsdienst*
ab 01.07.1993 Postamt Berlin 22 – 14089 Berlin

Postamt (V) Berlin 26	Roedernallee 92
vorher Postamt Wittenau	*seit 1967* Oranienburger Straße 80

ab 01.10.1968 ohne Verwaltungsdienst
ab 01.07.1993 Postamt Berlin 26 – 13437 Berlin

Postamt (V) Berlin 27	Grußdorfstraße 3
vorher Postamt Tegel 1	*ab 01.09.1969 ohne Verwaltungsdienst*

ab 01.07.1993 Postbank Postamt Berlin 27 – 13507 Berlin

Postamt (V) Berlin 28	Heinsestraße 32
vorher Postamt Hermsdorf 1	*ab 01.09.1969 ohne Verwaltungsdienst*

ab 01.07.1993 Postbank Postamt Berlin 28 – 13467 Berlin
ab 31.12.2022 geschlossen

Postamt (V) Berlin 30	Geisbergstraße 9
vorher Berlin W 30	***ab 01.07.1993 Postamt Berlin 30 – 10777 Berlin***

Postamt (V) Berlin 31	Uhlandstraße 85
vorher Postamt Wilmersdorf 1	

ab 01.07.1993 Postamt Berlin 31 – 10717 Berlin

Postamt (V) Berlin 33	Kissinger Straße 1
vorher Postamt Grunewald 3	

ab 01.07.1993 Postamt Berlin 33 – 14199 Berlin

Postamt (V) Berlin 36	Skalitzer Straße 86
vorher Berlin SO 36	

ab 01.07.1993 Postbank Postamt Berlin 36 – 10997 Berlin

Postamt (V) Berlin 37	Kaiserstraße 23
vorher Postamt Zehlendorf 1	*Straßenumbenennung ab 13.07.1966*
	Martin-Buber-Straße 23

ab 01.07.1993 Postbank Postamt Berlin 37
– 14163 Berlin

Postamt Berlin 38	Alemannenstraße 12
vorher Postamt Nikolassee	*ohne Verwaltungsdienst*

ab 01.07.1993 Postamt Berlin 38 – 14129 Berlin

Postamt Berlin 39	Am Sandwerder 6
vorher Postamt Wannsee 1	*seit 25.10.1971* Königstraße 57
	ohne Verwaltungsdienst

ab 01.07.1993 Postamt Berlin 39 – 14109 Berlin

Postamt Berlin 40   Invalidenstraße 79
vorher Berlin NW 40   *ab 02.04.1967 aufgehoben und*
zu Postamt (V) Berlin 36   *Paketaußenstelle für PA Berlin 77*

Postamt (V) Berlin 41   Bergstraße 1
vorher Postamt Steglitz 1

ab 01.07.1993 Postbank Postamt Berlin 41 – 12169 Berlin

Postamt (V) Berlin 42   Tempelhofer Damm 171
vorher Postamt Tempelhof 1

ab 01.07.1993 Postbank Postamt Berlin 42 – 12099 Berlin

Postamt (V) Berlin 44   Karl-Marx-Straße 97
vorher Postamt Neukölln 1   *ab 30.08.1970 ohne Verwaltungsdienst*
ab 01.07.1993 Postbank Postamt Berlin 44 – 12043 Berlin

Postamt (V) Berlin 45   Hindenburgdamm 1
vorher Postamt Lichterfelde 1

ab 01.07.1993 Postamt Berlin 45 – 12203 Berlin

Postamt (V) Berlin 46   Dillgesstraße 14a
vorher Postamt Lankwitz 1   *seit 1990* Kaiser-Wilhelm-Straße 60

ab 01.07.1993 Postamt Berlin 46 – 12247 Berlin

Postamt (V) Berlin 47   Gutschmidtstraße 19
neu ab 1962   *ab 01.04.1971 ohne Verwaltungsdienst*
ab 01.07.1993 Postbank Postamt Berlin 47 – 12359 Berlin

Postamt Berlin 48   Kaiserallee 32
vorher Postamt Marienfelde   *seit 1974* Marienfelder Allee 85
                                                          ohne Verwaltungsdienst
ab 01.07.1993 Postamt Berlin 48 – 12277 Berlin

Postamt Berlin 49   Bahnhofstraße 5
vorher Postamt Lichtenrade 1   *ohne Verwaltungsdienst*
ab 01.07.1993 Postbank Postamt Berlin 49 – 12305 Berlin
März 2023 geschlossen

Postamt (V) Berlin 51   Residenzstraße 24
vorher PA Reinickendorf-Ost 1

ab 01.07.1993 Postbank Postamt Berlin 51 – 13409 Berlin

Postamt Berlin 52
vorher PA Reinickendorf-West 3

Scharnweberstraße 19
ohne Verwaltungsdienst
ab 14.05.1979 Übernahme der
 Aufgaben durch Postamt Berlin 51,
Fortführung als Postamt Berlin 523

Postamt (V) Berlin 61
vorher Berlin SW 61

Tempelhofer Ufer 1

ab 01.07.1993 Postamt Berlin 61 – 10961 Berlin

Postamt (V) Berlin 62
vorher Postamt Schöneberg 1

Hauptstraße 27

ab 01.07.1993 Postbank Postamt Berlin 62 – 10827 Berlin

Postamt (V) Berlin 65
vorher Berlin N 65

Gerichtstraße 50
ab 1967 ohne Verwaltungsdienst

ab 01.07.1993 Postamt Berlin 65 – 13349 Berlin

Postamt (V) 77
vorher Berlin SW 77

Luckenwalder Straße 4

ab 01.07.1993 Postamt Berlin 77 – 10963 Berlin

Neben den Zustellpostämtern gab es noch über 120 Annahmepostämter, die den jeweiligen Zustellpostämtern zugeordnet waren.
Die Annahmepostämter trugen dreistellige Nummern, wobei die
ersten zwei Ziffern der Nummer des jeweiligen Zustellamtes
entsprachen. Die Zuordnung der Ämter und so auch die
Postamtsnummern änderten sich über die Jahre mehrfach.

*** *** ***

In addition to the delivery post offices, there were over 120
receiving post offices, which were assigned to the respective
delivery post offices. The receiving post offices bore three-digit
numbers, the first two digits corresponding to the number of the
respective service office. The assignment of the offices and thus
also the post office numbers changed several times over the years.

8.3. Annahmepostämter in Berlin (West) ab 1. Oktober 1962

Postamt (V) Berlin 10

Postamt Berlin 100
vorher PA Charlottenburg 8

ab 01.10.1962 Osnabrücker Straße 1
(nur bis 01.10.1968, dann Berlin 126)

Postamt Berlin 101
vorher Berlin 130

ab 01.02.1967 Heckerdamm 225
ab 01.10.1968 Berlin 127

Postamt (V) Berlin 11

Postamt Flughafen Tegel *ab 01.10.1962 bis 31.10.1972*

Postamt (V) Berlin 12

Postamt Berlin 120
vorher PA Charlottenburg 7

ab 01.10.1962 Bahnhof ZOO

ab 01.07.1993 Postamt Berlin 120 – 10787 Berlin

Postamt Berlin 121
vorher PA Charlottenburg 3

ab 01.10.1962 Kantstraße 69

ab 01.07.1993 Postamt Berlin 121 – 10627 Berlin

Postamt Berlin 122
vorher PA Charlottenburg 4

ab 01.10.1962 Leibnizstraße 38

ab 01.07.1993 Postamt Berlin 122 – 10625 Berlin

Postamt Berlin 123
vorher Berlin 191

seit 01.10.1968 Spandauer Damm 27
bis Juni 1988 danach Berlin 191

Postamt Berlin 124
vorher Berlin 192

seit 01.10.1971 Rüsternallee 45
bis Juni 1988 danach Berlin 192

Postamt Berlin 125
vorher Berlin 193

seit 01.10.1968 Reichssportfeldstraße 16
bis Juni 1988 danach Berlin 193

Postamt Berlin 126
vorher Berlin 100

seit 01.10.1968 Osnabrücker Straße 1
seit 1978 Mierendorffplatz 9
ab 01.07.1993 Postamt Berlin 126 – 10589 Berlin

Postamt Berlin 127

von 01.10.1968 Heckerdamm 226
ab 01.09.1976 in Berlin 209 umbenannt

Postamt Berlin 128
vorher Berlin 195

ab 01.10.1968 Zikadenweg 19
ab Juni 1975 wieder Berlin 195

| Postamt Berlin 129 | *ab 01.10.1968* Stendelweg 2a |
| | *ab Juni 1988 in Berlin 190 umbenannt* |

Postamt (V) Berlin 13

Postamt Berlin 130	*ab 01.10.1962* Saatwinkler Damm 52
vorher PA Plötzensee	*ab 14.09.1964* Heckerdamm 225
	ab 01.02.1967 Berlin 101
	von 06.03.1972 Glockenturmstraße 30
	bis Juni 1988, danach Berlin 209
	ab 02.04.1989 Heckerdamm 225
	ab 01.07.1993 Postamt Berlin 130 – 13627 Berlin

Postamt (V) Berlin 19

Poststelle I Berlin 190	*ab 01.10.1962* b*is 31.07.1966*
vorher PA Charlottenburg 12	Olympiastadion Sportforum
	ab Juni 1975 Stendelweg 2a
	ab 01.07.1993 Postamt Berlin 190 – 14052 Berlin

Postamt Berlin 191	*ab 01.10.1962 bis 01.10.1967*
vorher PA Charlottenburg 5	Spandauer Damm 27
	danach Berlin 121, ab Juni 1988 wieder Berlin 191
	ab 01.07.1993 Postamt Berlin 191 – 14059 Berlin

Postamt Berlin 192	*ab 01.10.1962 bis 1968* Rüsternallee 45
vorher PA Charlottenburg 11	*ab Juni 1988 wieder* Rüsternallee 45
	ab 01.07.1993 Postamt Berlin 192 – 14050 Berlin

Poststelle I Berlin 193	*ab 01.10.1962* Reichssportfeldstraße 16
vorher PA Charlottenburg 13	*bis Oktober 1968, danach in PA Berlin 125 umbenannt*
	und ab 1988 wieder Berlin 193
	ab 01.07.1993 Postamt Berlin 193 – 14055 Berlin

Postamt Berlin 194	*ab 01.10.1962 bis 31.12.1967* Dernburgstraße 48
vorher PA Charlottenburg 6	*ab Juni 1988* Glockenturmstraße 30
	ab 01.07.1993 Postamt Berlin 194 – 14055 Berlin
	am 30.08.1997 aufgehoben

Postamt Berlin 195	*ab 01.10.1962* Eichkampstraße 82
vorher PA Eichkamp	*bis 01.10.1968 in PA Berlin 127 umbenannt*
	seit 1988 Zikadenweg 10
	ab 01.07.1993 Postamt Berlin 195– 14055 Berlin

| Postamt Berlin 197 | *ab 01.10.1962* Stendelweg 2a *bis 1964* |
| vorher PA Ruhleben | *ab 01.10.1969 Berlin 129* |

Postamt (V) Berlin 20

Postamt Berlin 200
vorher PA Spandau 2

ab 01.10.1962 Reichstraße 42
Straßenumbenennung 01.05.1965
Cautiusstraße 42
ab 01.07.1993 Postamt Berlin 200 – 13587 Berlin

Poststelle I Berlin 201
vorher PA Spandau 6

ab 01.10.1962 Falkenseer Chaussee 192
seit 1972 Posthausweg 5
ab 01.07.1993 Postamt Berlin 201 – 13589 Berlin

Postamt Berlin 202
vorher PA Spandau 3

Schönwalder Straße 27
ab 01.07.1993 Postamt Berlin 202 – 13585 Berlin

Postamt Berlin 203
vorher PA Spandau 7

ab 01.10.1962 Falkenseer Chaussee 275
ab 01.07.1993 Postamt Berlin 203 – 13583 Berlin
zum 31.12.1993 aufgehoben

Postamt Berlin 204
vorher PA Haselhorst

ab 01.10.1962 Haselhorster Damm 25
ab 01.07.1993 Postamt Berlin 204 – 13599 Berlin

Postamt Berlin 205
vorher PA Staaken

ab 01.10.1962 Spandauer Straße 109
ab 09.06.1969 Brunsbütteler Damm 275
ab 01.07.1993 Postamt Berlin 205 – 13591 Berlin

Postamt Berlin 206
vorher PA Spandau 4

ab 01.10.1962 Adamstraße 39
ab 01.07.1993 Postamt Berlin 206 – 13595 Berlin

Poststelle I Berlin 207
vorher PA Spandau 5

ab 01.10.1962 Bollmannweg 1
ab 21.10.1963 Heerstraße 287/291
ab 01.07.1993 Postamt Berlin 207 – 13593 Berlin
zum 31. Dezember 1993 aufgehoben

Poststelle I Berlin 208
vorher PA Gatow

ab 01.10.1962 Gatower Straße 307
ab 01.02.1965 Gatower Straße 320
ab 1972 Gatower Straße 317
bis 05.08.1979, dann Berlin 220

Postamt Berlin 208

ab 06.08.1979 Magistratsweg 8a
ab 01.07.1993 Postamt Berlin 208 – 13593 Berlin

Postamt Berlin 209
vorher Berlin 127

ab 01.09.1976 Heckerdamm 226
ab 02.04.1989 in Berlin130 umbenannt
neu:

vorher 1546 Staaken 1

ab 01.07.1991 Isenburger Weg 69a

Postamt (V) Berlin 21

Postamt Berlin 210
vorher Berlin NW 108

ab 01.10.1962 Huttenstraße 73
ab 01.02.1969 in Berlin 653 umbenannt
ab 01.05.1981 Beusselstraße 59
ab 01.07.1993 Postamt Berlin 210 – 10553 Berlin

Postamt Berlin 211
vorher Berlin NW 40

ab 01.10.1962 Friedrich-List-Ufer 2
bis 31.07.1965
ab 12.04.1966 Beusselstraße 44
ab 1967 in Berlin 656 umbenannt

vorher Berlin 657

ab 01.05.1981 Bartningallee 4
ab 01.07.1993 Postamt Berlin 211 – 10557 Berlin

Postamt Berlin 212
vorher Berlin NW 87

ab 01.10.1962 Levetzower Straße 11
ab 01.02.1967 in Berlin 658 umbenannt
am 01.05.1981 zusammengelegt mit PA Berlin 628
zu PA Berlin 210

Postamt Berlin 213
vorher Berlin NW 23

ab 01.10.1962 Bartningallee 2
ab 01.02.1969 in Berlin 657 umbenannt

Postamt Berlin 22

Postamt Berlin 220
vorher Berlin 208

seit 06.08.1979 Gatower Straße 317
ab 01.07.1993 Postamt Berlin 220 – 14089 Berlin

Postamt Berlin 26

Postamt Berlin 260
vorher PA Berlin 511

am 01.11.1985 Wilhelmsruher Damm 150
ab 01.07.1993 Postamt Berlin 260 – 13439 Berlin

Postamt (V) Berlin 27

Poststelle I Berlin 270
vorher PA Neuheiligensee 1

ab 01.10.1962 Hennigsdorfer Straße 132
ab 01.09.1970 in Berlin 271 umbenannt

Postamt Berlin 270
vorher Berlin 510

ab 1986 Jacobsenweg 6
ab 01.07.1993 Postamt Berlin 270 – 13509 Berlin
ab 1993 Brottoper Weg 2

Poststelle I Berlin 271
vorher PA Heiligensee

ab 01.10.1962 Alt-Heiligensee 10
bis 31.08.1969 dann Berlin 521

Postamt Berlin 271
vorher Berlin 512

ab 01.07.1985 Bottroper Weg 2
ab 01.07.1993 Postamt Berlin 271 – 13507 Berlin
seit 1998 Bernauer Straße 134a

Poststelle I Berlin 272
vorher PA Neuheiligensee 2

ab 01.10.1962 An der Hasenfurt 16
ab 01.09.1969 in Berlin 522 umbenannt

Postamt Berlin 272
vorher Berlin 522

ab 01.07.1985 Bekassinenweg 20a
ab 01.07.1993 Postamt Berlin 272 – 13503 Berlin

Poststelle I Berlin 273
vorher PA Tegel 2

ab 01.10.1962 Allmendeweg 29
ab 01.09.1970 in PA Berlin 515 umbenannt

Postamt Berlin 273
vorher Berlin 516

ab 01.07.1986 Sandhauser Straße 8
ab 01.07.1993 Postamt Berlin 273 – 13505 Berlin
am 21.11.1998 geschlossen

Poststelle I Berlin 274
vorher PA Konradshöhe

ab 01.10.1962 Sandhauser Straße 8
ab 01.09.1969 in Berlin 516

Postamt Berlin 274
vorher Berlin 521

ab 01.07.1985 Alt-Heiligensee 62
ab 01.07.1993 Postamt Berlin 274 – 13503 Berlin
am 31.12.1993 aufgehoben

Postamt Berlin 275
vorher PA Borsigwalde

ab 01.10.1962 Jacobsenweg 6
ab 01.09.1970 in PA Berlin 510 umbenannt
neu:
ab 01.07.1985 Thurbrucher Steig 1
ab 01.07.1993 Postamt Berlin 275 – 13503 Berlin
ab 31.12.1996 aufgehoben

Poststelle I Berlin 276
vorher PA Tegel 4

ab 01.10.1962 Sterkrader Straße 33
ab 03.05.1965 Bottroper Weg 2
ab 01.07.1970 in Berlin 512 umbenannt

Postamt Berlin 276   *ab 01.07.1986* Allmendeweg 29
vorher PA Berlin 515   ***ab 01.07.1993 Postamt Berlin 276 – 13509 Berlin***
                            ab 31.12.1996 aufgehoben

Poststelle I Berlin 277   *ab 01.10.1962* Beatestraße 36
vorher PA Tegelort   *ab 01.09.1969 in Berlin 517 umbenannt*

Postamt Berlin 277   *seit 01.07.1985* Friederikestraße 32
vorher Berlin 517   ***ab 01.07.1993 Postamt Berlin 277 – 13505 Berlin***
                            seit 1994 aufgehoben

Postamt (V) Berlin 28

Poststelle I Berlin 280   *ab 01.10.1962* Hubertusweg 23 *bis 1969*
vorher PA Frohnau 2   *ab 01.09.1969 in Berlin 518 umbenannt*

Postamt Berlin 280   *ab 01.11.1985* Zeltinger Platz 10
vorher Berlin 513   ***ab 01.07.1993 Postamt Berlin 280 – 13465 Berlin***

Postamt Berlin 281   *ab 01.10.1962* Ludolfingerplatz 1 *bis 1966*
vorher PA Frohnau 1   *ab 1966* Zeltinger Platz 10
                            ab 01.09.1969 umbenannt in Berlin 280
                            neu:
vorher Berlin 514   *seit 01.11.1985* Artemisstraße 4
                            ab 01.07.1993 Postamt Berlin 281 – 13469 Berlin
                            2000 aufgehoben

Poststelle I Berlin 282   *ab 01.10.1962* Seebadstraße 7
vorher PA Hermsdorf 3   *ab 01.09.1969 in PA Berlin 524 umbenannt*

Postamt Berlin 282   *ab 01.11.1985* Am Vierrutenberg 54
vorher Berlin 524   ***ab 01.07.1993 Postamt Berlin 282 – 13469 Berlin***

Poststelle I Berlin 283   *ab 01.10.1962* Benekendorffstraße 139
vorher PA Lübars 2   *ab 1968 verlegt in den* Zabel-Krüger Damm 125
                            am 31.12.1969 aufgehoben

Postamt Berlin 283   *ab 01.11.1985* Invalidensiedlung 23
vorher Berlin 518   ***ab 01.07.1993 Postamt Berlin 283 – 13465 Berlin***
                            zum 31.12.2003 aufgehoben

Poststelle I Berlin 284
vorher PA Lübars 1

ab 01.10.1962 Alt-Lübars 29a
ab 01.09.1969 in Berlin 525 umgewandelt

Poststelle I Berlin 285
vorher PA Hermsdorf 2

ab 01.10.1962 Hermsdorfer Damm 95
ab 01.09.1969 in PA Berlin 519 umgewandelt

Postamt Berlin 286
vorher PA Waidmannslust

ab 01.10.1962 Artemisstraße 4
ab 01.09.1969 in Berlin 514 umbenannt

Postamt (V) Berlin 30

Postamt Berlin 300
vorher Berlin W 10

ab 01.10.1962 Genthiner Straße 11
ab 20.09.1967 aufgehoben

Postamt Berlin 301
vorher Berlin W 50

ab 01.10.1962 Marburger Straße 12

ab 01.07.1993 Postamt Berlin 301 – 10789 Berlin

Postamt Berlin 302
vorher Berlin W 35

ab 01.10.1962 Körnerstraße 7
*ab 21.05.1979 vereinigt mit Berlin 303
nach* Potsdamer Straße 136
ab 01.07.1993 Postamt Berlin 302 – 10783 Berlin

Postamt Berlin 303
vorher Berlin W 57

ab 01.10.1962 Steinmetzstraße 21
am 19.05.1979 aufgelöst

Postamt Berlin 304
vorher Berlin W 51

ab 01.10.1962 Westarpstraße 6

ab 01.07.1993 Postamt Berlin 304 – 10779 Berlin

Postamt Berlin 305

seit 05.06.1967 Innsbrucker Straße 29
ab 01.03.1985 in Berlin 620 umbenannt

Postamt Berlin 306
vorher Berlin 620

seit 05.06.1967 Naumannstraße 1
ab 29.02.1968 geschlossen

Postamt (V) Berlin 31

Postamt Berlin 310
vorher PA Halensee 1

ab 01.10.1962 Georg-Wilhelm-Straße 21
zum 01.01.1969 aufgehoben

Postamt Berlin 311
vorher PA Halensee 2

ab 01.10.1962 Nestorstraße 50

ab 01.07.1993 Postamt Berlin 311 – 10709 Berlin

Postamt Berlin 312
vorher PA Grunewald 2

ab 01.10.1962 Cicerostraße 30
ab 21.09.1963 geschlossen

Postamt Berlin 313   *ab 01.10.1962* Mainzer Straße 16
vorher PA Wilmersdorf 2

ab 01.07.1993 Postamt Berlin 313 – 10715 Berlin

Postamt Berlin 314   *ab 01.10.1962* Johannisberger Straße 18a
vorher PA Wilmersdorf 3   *ab 01.05.1970* Kreuznacher Straße 67
                            ab 01.05.1985 Berlin 331

Postamt Berlin 316   *ab 01.09.1968* Bismarckallee 24
vorher Berlin 330   *ab 01.05.1985 wieder Berlin 330*

Postamt Berlin 317   *ab 1969* Königin-Luise-Straße 31
vorher Berlin 331   *ab 01.09.1985 in Berlin 332 umbenannt*

Postamt (V) Berlin 33

Postamt Berlin 330   *ab 01.10.1962* Bismarckallee 24
vorher PA Grunewald 3   *ab 01.09.1968 in Berlin 316 umbenannt*
                            seit 01.05.1983 wieder Bismarckallee 24
                            ab 1986 Kreuznacher Straße 67
            ab 01.07.1993 Postamt Berlin 330 – 14197 Berlin

Postamt Berlin 331   *ab 01.10.1962* Königin-Luise-Straße 31
vorher PA Dahlem   *ab 01.09.1968 in Berlin 317 umbenannt*
                            neu:
vorher Berlin 316   *ab 01.09.1985* Bismarckallee 24
            ab 01.07.1993 Postamt Berlin 331 – 14193 Berlin

Postamt Berlin 332   *ab 01.0ρ.1985* Königin-Luise-Straße 31
vorher Berlin 317   **ab 01.07.1993 Postamt Berlin 332 – 14195 Berlin**

Postamt (V) Berlin 36

Postamt Berlin 360   *ab 01.10.1962* Adalbertstraße 14
vorher SO 26   *am 13.09.1966 aufgehoben*

Postamt (V) Berlin 37

Postamt Berlin 370   *ab 01.10.1962* Ladenstraße 39
vorher PA Zehlendorf 4   **ab 01.07.1993 Postamt Berlin 370 – 14169 Berlin**

Postamt Berlin 371   *ab 01.10.1962* Breisgauer Straße 7
vorher PA Schlachtensee   *am 02.04.1990 in Berlin 380 umbenannt*

Postamt Berlin 372 vorher PA Zehlendorf 2	*ab 01.10.1962* Limastraße 1 *bis 1971* *seit 1977* Argentinische Allee 4 ***ab 01.07.1993 Postamt Berlin 372 – 14163 Berlin***
Postamt Berlin 373 vorher PA Zehlendorf 5	*ab 01.10.1962* Berliner Straße 69 ***ab 01.07.1993 Postamt Berlin 373 – 14169 Berlin***
Postamt Berlin 376 vorher PA Wannsee 2	*ab 01.10.1962* Chausseestraße 5 *bis 1971* *am 23.10.1971 aufgehoben*
Postamt Berlin 377 vorher PA Zehlendorf 7	*ab 01.10.1962* Ladiusstraße 21 ***ab 01.07.1993 Postamt Berlin 377 – 14165 Berlin*** *neue Filiale: seit 1999* Hocksteinweg 20
Postamt Berlin 378	*ab 01.05.1985* Clayallee 169 *nur für Angehörige der amerikanischen Streitkräfte* *am 31.12.1994 aufgehoben*
Postamt Berlin 379	seit 01.05 1985 Görzallee 190 *nur für Angehörige der amerikanischen Streitkräfte* *am 10.04.1992 aufgehoben*
Postamt Berlin 380 vorher Berlin 371	*ab 02.04.1990* Breisgauer Straße 7 ***ab 01.07.1993 Postamt Berlin 380 – 14129 Berlin***

Postamt (V) Berlin 41

Postamt Berlin 410 vorher PA Friedenau 1	*ab 01.10.1962* Handjerystraße 33 ***ab 01.07.1993 Postamt Berlin 410 – 12159 Berlin***
Postamt Berlin 411 vorher PA Friedenau 3	*ab 01.10.1962* Bundesallee 96 ***ab 01.07.1993 Postamt Berlin 411 – 12161 Berlin***
Postamt Berlin 412 vorher PA Steglitz 2 vorher Berlin 450	*ab 01.10.1962* Ganghoferstraße 2 *ab 27.09. 1969 aufgehoben* *neu:* *ab 01.09.1971* Roonstraße 39 *ab 02.01.1984 in Berlin 450 umbenannt*

Postamt Berlin 413	*ab 01.10.1962* Sachsenwaldstraße 9
vorher PA Steglitz 4	***ab 01.07.1993 Postamt Berlin 413 – 12157 Berlin***
	zum 31.12.1993 aufgehoben

Postamt Berlin 414	*ab 01.10.1962* Albrechtstraße 39
vorher PA Steglitz 3	*ab 15.09.1969 verlegt nach* Steglitzer Damm 76
	ab 01.07.1993 Postamt Berlin 414 – 12169 Berlin

Postamt Berlin 415	*ab 01.10.1962* Borstellstraße 42
vorher PA Steglitz 5	*ab 13.09.1969 aufgehoben*
	ab 01.09.1970 Drakestraße 33a
	ab 02.01.1984 wieder Berlin 451

Postamt Berlin 416	*ab 01.10.1962* Cranachstraße 8
vorher PA Friedenau 2	*ab 31.03.1963 aufgehoben*
	ab 01.09.1971 Morgensternstraße 2
	am 31.12.1978 geschlossen

Postamt Berlin 417	*ab 01.09.1971* Ostpreußendamm 123a
vorher Berlin 453	*ab 1975* Ostpreußendamm 71
	ab 02.01.1984 umbenannt in Berlin 452

Postamt Berlin 418	*ab 01.09.1970* Hildburghauser Straße 200
vorher Berlin 454	*seit 1971* Heinersdorfer Straße 23
	ab 02.10.1984 umbenannt in Berlin 452

Postamt Berlin 419	*ab 02.05.1979* Kamenzer Damm 40
vorher Berlin 453	*ab 02.01.1984 umbenannt in Berlin 460*

Postamt (V) Berlin 42

Postamt Berlin 420	*ab 01.10.1962* Manfred-von-Richthofen-Straße 24
vorher PA Tempelhof 2	***ab 01.07.1993 Postamt Berlin 420 – 12101 Berlin***

Postamt Berlin 421	*ab 01.10.1962* Schöneberger Straße 11
vorher PA Tempelhof 5	***ab 01.07.1993 Postamt Berlin 421 – 12103 Berlin***
	ab 31.12.1994 aufgehoben

Postamt Berlin 422	*ab 01.10.1962* Germaniastraße 99
vorher PA Tempelhof 4	*Straßenumbenennung ab 01.07.1982*
	Schaffhausener Straße 67
	ab 01.07.1993 Postamt Berlin 422 – 12099 Berlin
	seit 1998 aufgehoben

Postamt Berlin 423
vorher PA Tempelhof 3

ab 01.10.1962 Attilastraße 178
ab 01.03.1965 geschlossen
neu:

vorher Berlin 460

ab 01.06.1966 Kamenzer Damm 31
ab 01.05.1979 in Berlin 419 umbenannt

Postamt Berlin 424
vorher PA Mariendorf 1

ab 01.10.1962 Königstraße 27
ab 01.07.1993 Postamt Berlin 424 – 12105 Berlin
ab 29.11.2021 geschlossen

Postamt Berlin 425
vorher PA Mariendorf 2

ab 01.10.1962 Rathausstraße 42 *bis 18.03.1965*
ab 01.06.1966 Brotteroder Straße 2
ab 05.03.1973 verlegt nach Hildburghauser Straße 29
ab 01.09.1990 umnummeriert nach Berlin 480

Postamt Berlin 426
vorher PA Mariendorf 3

ab 01.10.1962 Mariendorfer Damm 241
ab 01.07.1993 Postamt Berlin 426 – 12107 Berlin

Postamt Berlin 427
vorher PA Lichtenrade 2

ab 01.10.1962 Lichtenrader Damm 31
ab 1990 PA Berlin 490

Postamt (V) Berlin 44

Postamt Berlin 440
vorher PA Neukölln 4

ab 01.10.1962 Hobrechtstraße 8
ab 01.07.1993 Postamt Berlin 440 – 12043 Berlin

Postamt Berlin 441
vorher PA Neukölln 2

ab 01.10.1962 Leykestraße 18 *bis 1986*
ab 1988 Hermannstraße 211
ab 01.07.1993 Postamt Berlin 441 – 12049 Berlin

Postamt Berlin 442
vorher PA Neukölln 5

ab 01.10.1962 Zwiestädter Straße 12
ab 1966 auch Richardstraße 64
ab 1984 verlegt in Böhmische Straße 58
ab 01.07.1993 Postamt Berlin 442 – 12049 Berlin

Postamt Berlin 443
vorher PA Neukölln 3

ab 01.10.1962 Herthastraße 21
ab 1966 Glasower Straße 36
ab 01.07.1993 Postamt Berlin 443 – 12051 Berlin

Postamt Berlin 444
vorher PA Neukölln 6

ab 01.10.1962 Siriusstraße 2
ab 1973 verlegt in Sonnenallee 269
ab 01.07.1993 Postamt Berlin 444 – 12057 Berlin

Postamt Berlin 445

ab 01.04.1968 Britzer Damm 154
ab 14.06.1983 in Berlin 475 um nummeriert

Postamt Berlin 446
vorher Berlin 471

ab 01.04.1968 Buschkrugallee 206
ab 14.06.1983 wieder Berlin 471

Postamt Berlin 447

ab 01.04.1968 Alt-Buckow 59
1976 verlegt nach Buckower Damm 154
ab 14.06.1983 in Berlin 473 umbenannt

Postamt Berlin 448
vorher Berlin 474

ab 01.04.1968 Neuköllner Straße 324 *bis 1973*
ab 1973 Alt-Rudow 12
ab 1975 Prierosser Straße 91
ab 1984 PA Berlin 474

Postamt Berlin 449
vorher Berlin 472

ab 01.04.1968 Rudower Straße 133
ab 20.04.1969 geschlossen
ab 22.01.1972 Joachim-Gottschalk-Weg 14
ab 1973 nach Lipschitzallee 72 *verlegt*
ab 14.06.1983 Berlin 472

Postamt (V) Berlin 45

Postamt Berlin 450
vorher PA Lichterfelde 4

ab 01.10.1962 Roonstraße 39
ab 01.09.1971 in Berlin 412 um nummeriert
ab 02.01.1984 wieder PA 450 Roonstraße 39
ab 01.07.1993 Postamt Berlin 450 – 12203 Berlin

Postamt Berlin 451
vorher PA Lichterfelde 3

ab 01.10.1962 Drakestraße 33a *bis 1970*
ab 01.09.1970 in Berlin 415 umbenannt
ab 02.01.1984 wieder PA 451 Drakestraße 33a
ab 01.07.1993 Postamt Berlin 451 – 12205 Berlin

Postamt Berlin 452
vorher PA Lichterfelde 2

ab 01.10.1962 Morgensternstraße 2
ab 01.09.1970 in Berlin 416 um nummeriert
ab 02.01.1984 Ostpreußendamm 71
ab 01.07.1993 Postamt Berlin 452 – 12207 Berlin
ab 31.12.1993 geschlossen

Postamt Berlin 453
vorher PA Lichterfelde 5

ab 01.10.1962 Berliner Straße 123a
Straßenumbenennung in
Ostpreußendamm 123a *bis 31.08.1971*
neu:

vorher Berlin 418

ab 02.10.1984 Heinersdorfer Straße 23
ab 01.07.1993 Postamt Berlin 453 – 12209 Berlin

Poststelle I Berlin 454
vorher PA Lichterfelde 6

ab 01.10.1962 Achenseeweg 4
ab 1964 verlegt nach Hildburghauser Straße 200
ab 01.09.1970 in Berlin 418 umbenannt
ab 02.01.1985 wird Berlin 454 in Berlin 418 umbenannt

Postamt (V) Berlin 46

Postamt Berlin 460

ab 06.12.1965 Kamenzer Damm 40
ab 01.06.1966 umbenannt in Berlin 423
und ab 02.01.1984 wieder Kamenzer Damm 40
ab 01.07.1993 Postamt Berlin 460 – 12249 Berlin
ab 31.10.1993 aufgehoben

Postamt Berlin 461
vorher PA Lankwitz 2

ab 01.10.1962 Brotteroder Straße 2
ab 01.06.1966 in PA Berlin 425 umbenannt

Postamt (V) Berlin 47

Postamt Berlin 470
vorher PA Britz 1

ab 01.10.1962 Britzer Damm 154 *bis 1967*
ab 01.04.1968 in Berlin 445 umbenannt

Postamt Berlin 471
vorher PA Britz 2

ab 01.10.1962 Buschkrugallee 206
von 1968 bis 1983 PA Berlin 446
ab 14.06.1983 wieder Buschkrugallee 206
ab 01.07.1993 Postamt Berlin 471 – 12359 Berlin
ab 31.12.1993 geschlossen

Poststelle I Berlin 472
vorher PA Buckow 2

ab 01.10.1962 Sprosser Weg 3
seit 1965 Rudower Straße 133
ab 01.04.1968 umbenannt in Berlin 449

Postamt Berlin 472

ab 14.06.1984 Lipschitzallee 72
ab 01.07.1993 Postamt Berlin 472 – 12359 Berlin

Postamt Berlin 473
vorher PA Buckow 1

ab 01.10.1962 Alt-Buckow 59
ab 01.04.1968 umbenannt in Berlin 447
ab 14.06.1983 Buckower Damm 154
ab 01.07.1993 Postamt Berlin 473 – 12349 Berlin

Postamt Berlin 474
vorher PA Rudow

ab 01.10.1962 Neuköllner Straße 324
ab 01.04.1968 in Berlin 448 umbenannt
ab 14.06.1984 Prierosser Straße 61
ab 01.07.1993 Postamt Berlin 474 – 12357 Berlin

Postamt Berlin 475 vorher PA Berlin 445	*ab 14.06.1983* Britzer Damm 154 **ab 01.07.1993 Postamt Berlin 475 – 12347 Berlin**

Postamt Berlin 48

Postamt Berlin 480 vorher Berlin 425	*ab 01.09.1989* Hildburghauser Straße 29 **ab 01.07.1993 Postamt Berlin 480 – 12279 Berlin**

Postamt Berlin 49

Postamt Berlin 490	*ab 1990* Lichtenrader Damm 31 **ab 01.07.1993 Postamt Berlin 490 – 12305 Berlin**

Postamt (V) Berlin 51

Poststelle II Berlin 510 vorher PA Reinickendorf 1A	*ab 01.10.1962* Auguste-Victoria-Allee 45 *am 30.11.1966 aufgehoben*
Postamt Berlin 510 vorher Berlin 275 vorher Berlin 52	*seit 01.09.1969* Jacobsenweg 6 *ab 01.07.1985 in Berlin 270 umbenannt* *neu:* *seit 01.11.1985* Scharnweberstraße 19 **ab 01.07.1993 Postamt Berlin 510 – 13405 Berlin**
Postamt Berlin 511 vorher PA Reinickendorf 2	*ab 01.10.1962* Provinzstraße 84 *am 31.08.1968 wurde PA aufgehoben* *ab 23.06.1969 neueröffnet* Senftenberger Ring 5 *ab 1972 verlegt nach* Wilhelmsruher Damm 150 *ab 01.11.1985 Berlin 260*
Postamt Berlin 512 vorher Berlin 276	*ab 01.07.1970* Bottroper Weg 2 *ab 01.07.1985 in Berlin 271 umgewandelt*
Postamt Berlin 513 vorher Berlin 281	*seit 01.09.1970* Zeltinger Platz 10 *bis 31.10.1985 danach Berlin 280*
Postamt Berlin 514 vorher Berlin 286	*seit 01.09.1969* Artmetisstraße 4 *ab 01.11.1985 in Berlin 281 umbenannt*
Postamt Berlin 515 vorher Berlin 273	*seit 1979* Allmendeweg 29 *ab 01.07.1985 in Berlin 276 umbenannt*
Postamt Berlin 516 vorher Berlin 274	*seit 01.09.1969* Sandhauser Straße 8 *ab 01.11.1985 in Berlin 273 umgewandelt*

Postamt Berlin 517 vorher Berlin 277	*seit 01.09.1969* Beatestraße 36 *ab 01.10.1980 in* Fredericke Straße 32 *verlegt* *ab 01.07.1985 wieder Berlin 277*
Postamt Berlin 518 vorher Berlin 280	*seit 01.09.1969* Hubertusweg 23 bzw. Invalidensiedlung 23 *ab 01.11.1985 in Berlin 283 umbenannt*
Postamt Berlin 519 vorher Berlin 285	*ab 01.09.1969* Hermsdorfer Damm 95 *ab 30.06.1972 aufgehoben* *neu:* *ab 01.09.1975* Flughafen Tegel ***ab 01.07.1993 Postamt Berlin 519 – 13405 Berlin***
Postamt Flughafen Tegel	*ab 01.11.1972 bis 30.08.1975* *ab 01.09.1975 Berlin 519*

Postamt Berlin 52

Postamt Berlin 520 vorher Berlin 270	*seit 01.09.1969* Hennigsdorfer Straße 132 *ab 24.01.1972* Thurbrucher Steig 1 *ab 01.07.1985 in Berlin 275 umbenannt*
Postamt Berlin 521 vorher Berlin 271	*seit 01.09.1969* Alt-Heiligensee 62 *ab 01.07.1985 in Berlin 274 umbenannt*
Postamt Berlin 522 vorher Berlin 272	*ab 01.09.1969* An der Hasenfurt 16 *ab 06.11.1974* Bekassinenweg 20a *ab 01.07.1985 in Berlin 272 umbenannt*
Postamt Berlin 523 vorher Berlin 282 vorher Postamt Berlin 52	*ab 01.09.1969* Seebadstraße 7 *ab 30.03.1972 aufgehoben* *neu:* *ab 14.05.1979* Scharnweberstraße 18 *bis 31.10.1985*
Postamt Berlin 524 vorher Berlin 283	*ab 01.09.1969* Benneckendorffstraße 139 *am 31.12.1969 aufgelöst* *neu:* *am 05.01.1970* Am Vierrutenberg 32a *ab 01.11.1985 umbenannt in Berlin 282*
Postamt Berlin 525 vorher Berlin 284	*ab 01.09.1969* Alt-Lübars 29a *bis 24.12.1982, danach aufgehoben*

Postamt (V) Berlin 61

Postamt Berlin 610
vorher Berlin SW 68

ab 01.10.1962 Ritterstraße 6
ab 01.07.1993 Postamt Berlin 610 – 10969 Berlin

Postamt Berlin 611
vorher Berlin S 59

ab 01.10.1962 Böckhstraße 11
ab 01.07.1993 Postamt Berlin 611 – 10967 Berlin
ab 31.12.1993 geschlossen

Postamt Berlin 612
vorher Berlin SW 47

ab 01.10.1962 Kreuzbergstraße 32
ab 01.07.1993 Postamt Berlin 612 – 10965 Berlin
ab 31.12.1993 geschlossen

Postamt Berlin 613
vorher Berlin SW 29

ab 01.10.1962 Bergmannstraße 72
ab 01.07.1993 Postamt Berlin 613 – 10961 Berlin

Postamt (V) Berlin 62

Postamt Berlin 620
vorher PA Schöneberg 4

ab 01.10.1962 Naumannstraße 1
ab 05.06.1967 in Berlin 306 umbenannt
ab 01.03.1985 Innsbrucker Straße 29
ab 01.07.1993 Postamt Berlin 620 – 10825 Berlin
ab 31.12.1993 geschlossen

Postamt Berlin 621

ab 06.05.1963 Innsbrucker Straße 29
am 05.06.1969 in Berlin 305 umbenannt

Postamt (V) Berlin 65

Postamt Berlin 650
vorher Berlin N 20

ab 01.10.1962 Osloer Straße 18
ab 01.07.1993 Postamt Berlin 650 – 13359 Berlin

Postamt Berlin 651
vorher Berlin 96

ab 01.10.1962 Lüderitzstraße 34 *bis 1978*
im Jahr 1978 verlegt nach Müllerstraße 48
ab 01.07.1993 Postamt Berlin 651 – 13349 Berlin

Postamt Berlin 652
vorher Berlin N 69

ab 01.10.1962 Torfstraße 14
ab 01.07.1993 Postamt Berlin 652 – 13353 Berlin
ab 31.12.1993 geschlossen

Postamt Berlin 653
vorher Berlin 210

ab 01.02.1969 Huttenweg 72
ab 16.03.1970 Beusselstraße 59
ab 01.05.1982 wieder Berlin 210

Postamt Berlin 654
vorher Berlin N 31

ab 01.10.1962 Stralsunder Straße 58
bis 1993

Postamt Berlin 656

ab 01.02.1969 Beusselstraße 44
bis 31.07.1971 Postamt aufgehoben

Postamt Berlin 657

seit 01.02.1970 Bartningallee 2
bis 30.04.1981, danach Berlin 211

Postamt Berlin 658

ab 01.02.1968 Levetzowstraße 11
am 14.03.1969 aufgehoben und vereinigt mit Berlin 653

9. Die Postämter und ihre Postleitzahlen in Berlin, Hauptstadt der DDR 1965 bis 1990

In der DDR wurden zum 1. Januar 1965 neue Postleitzahlen eingeführt. Dabei gaben die ersten beiden Ziffern den Leitbereich an. In Berlin gab es zwei Leitbereiche mit drei- und vierstellige Postleitzahlen.

Die Postämter im Innenstadtbereich (Stadtbezirke Mitte, Friedrichshain und Prenzlauer Berg – Leitbereich 10) erhielten Nummern zwischen 2 bis 98. Sie entsprachen oft der Nummer des Postamtes von vor 1965. Nur die Nummern über 100 wurden auf zweistellige Zahlen geändert.

Die übrigen Berliner Postämter (Leitbereich 11) behielten ihre bisherige Bezeichnung mit der entsprechenden Ortsangabe und die Anschrift wurde lediglich durch eine Postleitzahl ergänzt.

Auf die Bezeichnung *„Zweigpostamt"* wurde verzichtet. Die Unterscheidung der Postämter erfolgte jetzt nach Hauptpostamt, selbständigem Postamt und Postamt sowie der Poststelle.

Im Jahr 1978 beschloss die Deutsche Post der DDR „zur langfristigen Vorbereitung einer künftigen Automatisierung von Bearbeitungsprozessen und der Anwendung der EDV", die Postleitzahlen ausschließlich vierstellig zu verwenden (VuM MPF Nr. 8/1979 S. 59). Die Umsetzung erfolgte in der Form, dass die fehlenden Stellen durch Einfügen einer Null erzeugt wurden. So wurde aus der PLZ 108 neu die PLZ 1080. Dies betraf in Berlin insgesamt vierzehn Postämter.

Die 1965 vergebenen Postleitzahlen hatten bis Oktober 1981 Bestand. Nach der Gründung und dem schnellen Wachstum des Stadtbezirks Marzahn musste dieser auch postalisch adäquat erschlossen werden. Man entschloss sich dem Stadtbezirk die PLZ 114 zuzuteilen und eine entsprechende Veränderung der Postleitzahlen in diesem Bezirk vorgenommen.

Es betraf die Postämter im Bereich Biesdorf (jetzt PLZ 1141), Kaulsdorf (jetzt PLZ 1144) und Mahlsdorf (jetzt PLZ 1147). Die Postleitzahlen 1140, 1142 und 1143 waren für das Neubaugebiet Marzahn vorgesehen und die 1145 vorsorglich für den Bereich Hellersdorf reserviert.

Da die Neubaumaßnahmen der DDR im Berliner Bereich immer größere Ausmaße annahmen, wurden in den Jahren 1985 und 1986 zwei weitere neue Stadtbezirke (Hohenschönhausen – 1. September 1985 und Hellersdorf – 1. Juni 1986) gegründet. Diese sollten natürlich auch postalisch entsprechend erschlossen werden.

Beim Stadtbezirk Hellersdorf war dies relativ einfach. Statt der reservierten PLZ 1145 wurde, der noch freie Bereich 1150 vergeben, so dass jetzt theoretisch die Nummern 1150 bis 1155 zur Verfügung standen. Praktisch wurden jedoch nur die Nummern 1150 und 1152 genutzt. Auf eine Änderung der Postleitzahlen der Postämter Mahlsdorf und Kaulsdorf, die auch zum neugebildeten Stadtbezirk gehörten wurde verzichtet. Eine Ausnahme bildete das Postamt Berlin-Kaulsdorf 3, das postintern teilweise die PLZ 1153 z. B. auf Einschreibemarken erhielt.

Bei der Vergabe der Postleitzahlen für den Stadtbezirk Hohenschönhausen stellte sich die Situation etwas komplizierter dar. Es war kein geeigneter Nummernkreis mehr vorhanden. Man entschloss sich das bisherige System (Leitgebiet 10 – Innenstadtbereich) zu durchbrechen und änderte kurzerhand die Postamtsbezeichnung und damit die Postleitzahl von drei Innenstadt-Postämtern. Aus dem Postamt 92 wurde das Postamt 76, das Postamt 94 wurde zum Postamt 16 und aus Postamt 98 wurde Postamt 15. So war jetzt der Nummern Bereich 109 frei. Er wurde für den Stadtbezirk Hohenschönhausen vergeben. Die Postämter im Neubaugebiet Hohenschönhausen erhielten die Postleitzahlen 1090, 1092, 1093 und 1095. Die übrigen Postämter im Stadtbezirk erhielten folgende

Nummern: Wartenberg – 1097, Falkenberg – 1098 und Malchow – 1099.

Zeitgleich erfolgte auch eine Veränderung der Postleitzahlen im Bereich Weißensee (112) und Pankow (110), deren Notwendigkeit sich nicht auf dem ersten Blick erschließt. Betroffen waren die drei Weißenseer Postämter (jetzt einheitlich PLZ 1120 plus Postamtsbezeichnung) und die Postämter Blankenburg (jetzt PLZ 1122), Heinersdorf (jetzt PLZ 1121) und Karow (jetzt PLZ 1123) in Pankow. Diese drei Ortsteile wurden im Rahmen der Gründung des Stadtbezirks Hohenschönhausen vom Stadtbezirk Pankow in den Stadtbezirk Weißensee eingegliedert, um diesen territorial aufzuwerten.

Im Zuge der postalischen Erschließung der Neubaugebiete sollten auch drei neue Hauptpostämter entstehen. Im Jahre 1986 öffnete das Hauptpostamt Berlin-Marzahn 1. Die beiden anderen Hauptpostämter (Hellersdorf und Hohenschönhausen) waren geplant, wurden jedoch bis zum Beitritt der DDR zur Bundesrepublik nicht mehr realisiert. So blieben diese beiden Hauptpostämter lediglich Verwaltungseinheiten mit provisorischer Unterbringung.

Es sind auch die drei Postämter (Schönefeld, Zentralflughafen Schönefeld und Waldesruh) erwähnt, die nicht auf dem Gebiet von Berlin liegen, sondern lediglich Berliner Postleitzahlen führten und von Berlin aus postalisch versorgt wurden.

Mit dem Zeitpunkt der Vereinigung der beiden deutschen Staaten (Beitritt der DDR zur Bundesrepublik) erfolgte die letzte Änderung der vierstelligen Postleitzahlen. Da es in der Bundesrepublik und der ehemaligen DDR eine Vielzahl von Doppelungen der Postzeitzahlen gab, wurde festgelegt, dass den Postleitzahlen ein „O" oder auch „0" voranzustellen war. Für den Berliner Bereich bestand diese Notwendigkeit nicht, da es hier keine Doppelungen gab. Gleichzeitig wurde mit der Erarbeitung eines neuen fünfstelligen Postleitzahlsystems begonnen, die zum 1. Juli 1993 zur Einführung kamen.

Gleichzeitig endete mit der Postreform die Zeit der staatlichen Post in Deutschland.

***

9. The post offices and their postal codes in Berlin, Capital of the GDR from 1965 to 1990

New postal codes were introduced in the GDR on January 1, 1965. The first two digits indicated the control area. In Berlin there were two routing areas with three- and four-digit postal codes. The post offices in the inner city area (city districts Mitte, Friedrichshain and Prenzlauer Berg - routing area 10) were given numbers between 2 and 98.

They often corresponded to the number of the post office from before 1965. Only the numbers above 100 were changed to two-digit numbers. The remaining Berlin post offices (route 11) retained their previous names with the corresponding location and the address was only supplemented with a postal code. The name "branch post office" was omitted. The post offices were now differentiated according to the main post office, independent post office and post office as well as the post office.

In 1978, the GDR's Deutsche Post decided to use only four-digit postal codes "for the long-term preparation of future automation of processing processes and the use of IT" (VuM MPF No. 8/1979 p. 59). The implementation took place in such a way that the missing digits were created by inserting a zero. The postcode 108 became the postcode 1080. This affected a total of fourteen post offices in Berlin.

The postal codes assigned in 1965 lasted until October 1981. After the founding and rapid growth of the Marzahn district, it also had to be adequately developed postally. It was decided to assign the zip code 114 to the district and a corresponding change was made to the zip codes in this district. It affected the post offices in the Biesdorf (now zip code 1141), Kaulsdorf (now zip code 1144) and Mahlsdorf (now zip code 1147) areas. The postal codes 1140, 1142 and 1143 were intended for the Marzahn development area and 1145 was reserved as a precautionary measure for the Hellersdorf area. As the GDR's new construction measures in the Berlin area became ever larger, two more new city districts (Hohenschönhausen - September 1, 1985 and Hellersdorf - June 1, 1986) were founded in 1985 and 1986. Of course, these should also be made accessible by post. In the Hellersdorf district this was relatively easy. Instead of the reserved postcode 1145, the still free area 1150 was allocated, so that theoretically the numbers 1150 to 1155 were now available. In practice, however, only the numbers 1150 and 1152 were used. The postal codes of the Mahlsdorf and Kaulsdorf post offices, which also belonged to the newly formed city district, were not changed. An exception was the post office Berlin-Kaulsdorf 3, which sometimes used the postal code 1153 e.g. B. received on registered stamps.

When assigning the postal codes for the Hohenschönhausen district, the situation was somewhat more complicated. There was no longer a suitable number range. It was decided to break the previous system (guide area 10 - inner city area) and quickly changed the post office name and thus the postal code of three inner city post offices. Post Office 92 became Post Office 76, Post Office 94 became Post Office 16 and Post Office 98 became Post Office 15. So the number area 109 was now free. It was awarded for the Hohenschönhausen district.

The post offices in the Hohenschönhausen development area were given the postal codes 1090, 1092, 1093 and 1095. The other post offices in the district were given the following numbers: Wartenberg - 1097, Falkenberg - 1098 and Malchow - 1099. At the same time, there was also a change to the postal codes in the Weißensee (112) and Pankow (110) areas, the necessity of which is not obvious at first glance. The three Weißensee post offices (now uniform postal code 1120 plus post office name) and the post offices in Blankenburg (now postal code 1122), Heinersdorf (now postal code 1121) and Karow (now postal code 1123) in Pankow were affected. As part of the founding of the Hohenschönhausen district, these three districts were incorporated from the Pankow district into the Weißensee district in order to improve its territorial value. As part of the postal development of the new development areas, three new main post offices were to be built. The Berlin-Marzahn 1 main post office opened in 1986.

The other two main post offices (Hellersdorf and Hohenschönhausen) were planned, but were no longer built until the GDR joined the Federal Republic. So these two main post offices remained merely administrative units with temporary accommodation. The three post offices (Schönefeld, Schönefeld Central Airport and Waldesruh) are also mentioned, which are not located in Berlin, but only had Berlin postal codes and were served by post from Berlin

8.3.1 Postämer des Leitbereiches 10

In der ersten Zeile eines jeden Postämter steht die postalische Bezeichung des Postamtes mit seiner internen Postleitzahl sowie soweit vorhanden die vorherige Bezeichnung. Selbständige Postämter sind fett hervorgehoben. In der zweiten und den folgenden Zeilen stehen ggf. das Postamt, dem das Postamt zu geordnet war oder ggf. veränderte Postleitzahlen, gefolgt von den Anschriften des jeweiligen Postamtes.

***

The first line of each post office contains the postal name of the post office with its internal postal code and, if available, the previous name. Independent post offices are highlighted in bold. The second and following lines may contain the post office to which the post office was assigned or possibly changed postal codes, followed by the addresses of the respective post office.

Postamt	seit	Anschrift
102 Berlin 2	vorher	Berlin C 2
	01.01.1965	102 - Dircksenstraße 30
	seit 1969	102 - Magazinstraße 8/11
ab 1979 – 1020	18.10.1971	102/1020 – Rathausstraße 5
	01.07.1993	**Postamt Berlin 2 – 10178 Berlin**
103 Berlin 3	vorher	Berlin N 3 Paketpostamt
ab 1979 – 1030	01.01.1965	104/1040 Tucholskystraße 14
		Oranienburger Straße70
104 Berlin 4	vorher	Berlin N 4
ab 1979 – 1040	01.01.1965	104/1040 Am Nordbahnhof 3-5
	01.07.1993	**Postamt Berlin 4 – 10115 Berlin**
105 Berlin 5	vorher	Berlin Charitè
	01.01.1965	Schumannstraße
	ca. 1968	20/21
		geschlossen
106 Berlin 6	vorher	Berlin NW 6
zu HPA Berlin 4	01.01.19653	104 – Marienstraße 10
	1.12.1974	geschlossen
zu HPA Berlin 8	01.03.1979	108 /1080 Leipziger Straße 55/56
ab 1979 – 1060	01.07.1993	**Postamt Berlin 6 – 10117 Berlin**
107 Berlin 7	vorher	Auslandspostamt Berlin NW 7
zu HPA Berlin 17	01.01.1965	1017 – Mühlenstraße 39-40
ab 1979 – 1070		
108 Berlin 8	vorher	Berlin W 8
ab 1979 – 1080	01.01.1965	108 / 1080 – Französische Straße 9-12
	01.07.1993	**Postamt Berlin 8 – 10117 Berlin**
	August 1995	geschlossen
1014 Berlin 14	vorher	Berlin O 14
zu HPA Berlin 8	01.01.1965	108 / 1080 - Wassergasse 1
zu HPA Berlin 17	03.07.1989	1017 - Köpenicker Straße 96-98
	01.07.1993	**Postamt Berlin 14 – 10179 Berlin**
1015 Berlin 15	vorher	Berlin 98 – Umbenennung
zu HPA Berlin 17	01.09.1985	1017 – Corinthstraße 51

Postamt	seit	Anschrift
	01.07.1993	**Postamt 15 – 10245 Berlin**
	01.01.1994	Umbenennung – 10245 Berlin 16
	seit 2000	aufgehoben
1016 Berlin 16 zu PA Berlin 25 ab 1969 zu HPA Berlin 8	ab 1965	102 – Karl-Marx-Allee 31 Hotel Berolina
	Anfang 1970	geschlossen
1016 Berlin 16 zu HPA Berlin 17	vorher	1017 Berlin 94 – Umbenennung
	01.12.1985	1017 – Karl-Marx-Allee 101
	31.01.1992	geschlossen
1017 Berlin 17	vorher	Berlin O 17
	01.01.1965	1017 - Fruchtstraße 8/10
	17.03.1971	Straßenumbenennung Straße der Pariser Kommune 8/10
	01.07.1993	**Postamt Berlin 17 – 10243 Berlin**
	2000	Koppenstraße 3
	April 2016	geschlossen
1018 Berlin 18 zu HPA Berlin 17	vorher	Berlin NO 18
	01.01.1965	1017 – Lichtenberger Straße 18-19
	ca. 1972	aufgehoben
	seit 1977	1017 – Leninallee 144
	15.11.1982	1017 – Palisadenstraße 89
	01.07.1993	**Postamt Berlin 18 – 10243 Berlin**
1025 Berlin 25	vorher	Berlin C 25
	01.01.1965	102 – Berolinahaus Alexanderplatz 1
	1969	geschlossen
1025 Berlin 25	22.04.1976	102/1020 – Palast der Republik
	19.09.1990	geschlossen
1032 Berlin 32 zu PA Berlin 35	vorher	Berlin O 32
	01.01.1965	1035 – Krossener Straße 1
	31.01.1992	geschlossen
1034 Berlin 34	vorher	Berlin O 34
	01.01.1965	1034 – Boxhagener Straße 111

Postamt	seit	Anschrift
	01.07.1993	10245 Berlin 34
	11.01.1995	geschlossen
1035 Berlin 35	vorher	Berlin O 112
	01.01.1965	1035 – Gabelsberger Straße 16
	01.07.1993	10247 Berlin 35
	Oktober 1995	geschlossen
1043 Berlin 43 zu PA Berlin 25	vorher	Berlin C 43
	01.01.1965	102 – Neue Königstraße 70
	01.07.1966	*Straßenumbenennung*
		Hans-Beimler-Straße 70
	ca. 1967	geschlossen
	01.08.1968	102 / 1020 – Schillingstraße 31
	01.07.1993	***Postamt Berlin 43 – 10179 Berlin***
	29.06.1996	geschlossen
1053 Berlin 53	Mai 1987	1058 – Wörther Straße 36
	30.04.1992	geschlossen
1054 Berlin 54	vorher	1054 Berlin 54
	01.01.1965	1054 – Wilhelm-Pieck-Straße 105-107
	01.07.1993	**Postamt Berlin 54 – 10119 Berlin**
	27.07.1994	*Straßenumbenennung*
		Torstraße 105-107
	Juli 2018	geschlossen
1055 Berlin 55	vorher	Berlin NO 55
	01.01.1965	1055 – Marienburger Straße 18-19
	01.07.1993	**Postamt Berlin 55 – 10405 Berlin**
	30.09.1995	geschlossen
1056 Berlin 56 zu HPA Berlin 8	vorher	Berlin W 56
	01.01.1965	108 – Otto-Nuschke-Straße 42
	28.02.1979	geschlossen
1057 Berlin 57 zu HPA Berlin 58	vorher	Berlin N 103
	01.01.1965	1058 – Senefelder Straße 30
	01.07.1993	**Postamt Berlin 57 – 10437 Berlin**
	30.09.1995	aufgehoben

Postamt	seit	Anschrift
1058 Berlin 58	vorher	HPA Berlin N 58
	01.01.1965	1058 – Eberswalder Straße 6-9
	01.07.1993	**Postamt Berlin 58 – 10437 Berlin**
	März 1999	geschlossen
1059 Berlin 59	vorher	Berlin N 106
zu HPA Berlin 58	01.01.1965	1058 – Schönhauser Allee 127a
	01.07.1993	**Postamt Berlin 59 – 10435 Berlin**
	März 1999	**geschlossen**
1064 Berlin 64	vorher	Berlin NW 64
zu HPA Berlin 8	01.01.1965	108 / 1080 – Bahnhof Friedrichstraße
	01.07.1993	**Postamt Berlin 64 – 10117 Berlin**
	1998	geschlossen
1066 Berlin 66	vorher	Berlin W 66
zu HPA Berlin 8	01.01.1965	108 / 1080 – Mauerstraße 69
	18.02.1984	geschlossen
1067 Berlin 67	vorher	Berlin O 67
zu PA Berlin 34	01.01.1965	1034 – Bersarinstraße 73
	01.12.1991	*Straßenumbenennung*
		1034 – Petersburger Straße 73
	01.07.1993	**Postamt Berlin 67 – 10249 Berlin**
	30.08.1999	geschlossen
1071 Berlin 71	vorher	Berlin N 113
	01.01.1965	1071 - Bornholmer Straße 6
	01.07.1993	**Postamt Berlin 71 – 10439 Berlin**
	02.03.1998	geschlossen
1072 Berlin 72	vorher	Berlin N 115
zu PA Berlin 71	01.01.1965	1071 – Erich-Weinert-Straße 17
	01.07.1993	**Postamt Berlin 72 – 10439 Berlin**
	31.03.2001	geschlossen
1074 Berlin 74	vorher	Berlin NO 74
zu HPA Berlin 55	01.01.1965	1055 – Woldenberger Straße 17
	04.09.1974	*Straßenumbenennung*
		1055 – Dietrich-Bonhoeffer-Straße 17
	30.04.1992	

Postamt	seit	Anschrift
		geschlossen
1075 Berlin 75	vorher	Berlin NO 60
zu HPA Berlin 55	01.01.1965	1055 – Greifswalder Straße 152
	21.11.1977	1055 – Greifswalder Straße 89
	01.07.1993	**Postbank Filiale Berlin 517 –**
		10409 Berlin Greifswalder Straße 90
1076 Berlin 76	vorher	Berlin C 76
zu HPA Berlin 8	01.01.1965	102 / 1020 – Neue Promenade 6
	30.04.1982	geschlossen
1076 Berlin 76	Ende 1985	1055 – Heinrich-Bartsch-Straße 55/56
zu HPA Berlin 55	01.08.1988	1055 – Conrad-Blenkle-Straße 1-3
	01.07.1993	**Postamt Berlin 76 – 10407 Berlin**
	2007	geschlossen
1092 Berlin 92	vorher	Berlin NO 92
zu HPA Berlin 17	01.01.1965	1017 – Dimitroffstraße 240
	30.04.1978	geschlossen
1092 Berlin 92	02.01.1980	1055 – Heinrich-Bartsch-Straße 7
zu HPA Berlin 55	31.07.1985	geschlossen
1094 Berlin 94	vorher	Berlin O 94
zu HPA Berlin 17	01.01.1965	1034 – Karl-Marx-Allee 101
	01.09.1985	Fortführung als 1016 Berlin 16
1098 Berlin 98	vorher	Berlin O 98
zu HPA Berlin 17	01.01.1965	1017 – Stralauer Allee 34a
	15.02.1982	1017 – Corinthstraße 51
	01.09.1985	Fortführung als 1015 Berlin 15

8.3.3 Postämer des Leitbereiches 11

Erläuterungen zur Zusammenstellung:

Die *1. Zeile* beinhaltet den Namen des Postamtes, unter Weglassung des Zusatzes Berlin, und seine eigene Postleitzahl sowie die erste Anschrift unter der es nach 1965 bzw. bei seiner Eröffnung befand.

Die *2. Zeile* unter dem Namen des Postamtes gibt ggf. das jeweils verantwortliche Postamt oder Hauptpostamt an und die ggf. weiteren Anschriften und die Hinweise, wann das Postamt geschlossen wurde, folgen in den weiteren Zeilen.

***

Explanations of the compilation:

The 1st line contains the name of the post office with omission of the addition Berlin and its own postal code as well as the first address under which it was located after 1965 or when it opened.

The 2nd line under the name of the post office indicates, if applicable, the responsible post office or main post office and the possibly further addresses and the information when the post office was closed follow in the following lines.

Postamt Berlin-	seit	Anschrift
1199 Adlershof HPA Oberschöneweide	01.01.1965	1199 – Peter-Kast-Straße 57
	01.01.1992	*Straßenumbenennung* 1199 – Radickestraße 57
	01.07.1993	**Postamt Adlershof – 12489 Berlin**
	ca. 2000	geschlossen
1185 Altglienicke HPA Oberschöneweide	01.01.1965	1185 – Rudower Straße 61
	01.07.1993	**Postamt Altglienicke – 12524 Berlin**
1195 Baumschulenweg HPA Oberschöneweide	01.01.1965	1195 – Rinkartstraße 5-9
	01.07.1993	**Postamt Baumschulenweg –** **12437 Berlin**

Postamt Berlin-	seit	Anschrift
114 Biesdorf 1	01.01.1965	Oberfeldstraße 1b – 1d
HPA Lichtenberg 1	**01.01.1979**	**1140 Biesdorf 1**
	01.10.1981	**1141 Biesdorf 1**
		1141-1 – Oberfeldstraße 1b – 1d
	01.07.1993	**Postamt Biesdorf 1 – 12683 Berlin**
	30.04.2003	geschlossen
1142 Biesdorf 2	01.01.1965	114 – Grabensprung 155
zu PA Biesdorf 1	seit 1968	114 – Warmbader Straße 223
	14.01.1976	*Straßenumbenennung*
		114 – Klara- Schabbel-Straße 226
	01.01.1979	1140 – Klara-Schabbel-Straße 226
	01.10.1981	**1141 Berlin-Biesdorf 2**
	seit 1985	1141 – Klara-Schabbel-Straße 5
	seit 1989	1141 – Klara-Schabbel-Straße 8
	31.12.1990	geschlossen
1143 Biesdorf 3	01.01.1965	114 – Guntramstraße 6
zu PA Biesdorf 1	seit 1966	114 – Köpenicker Straße 269
	seit 1975	114 – Köpenicker Straße 265
	seit 1979	1140 – Köpenicker Straße 218
	01.10.1981	**1141 Berlin-Biesdorf 3**
		1141 – Köpenicker Straße 218
	31.03.1992	geschlossen
1141 Biesdorf 4	seit 1984	1141 – Garzauer Straße 6
zu PA Biesdorf 1	31.12.1991	geschlossen
1145 Biesdorf 5	01.01.1965	114 – Oberfeldstraße 111-132
zu PA Biesdorf 1		Studentenwohnheim
	01.01.1979	1140 Biesdorf 5
	01.10.1981	**1141 Berlin-Biesdorf 5**
	01.10.1992	geschlossen
1114	01.01.1965	1114 – Alt-Blankenburg 43
Blankenburg	01.09.1985	**1122 Berlin-Blankenburg**
zu HPA Pankow 1	01.07.1993	**Postamt Blankenburg – 13129 Berlin**

Postamt Berlin-	seit	Anschrift
	31.12.1994	geschlossen
1108 **Blankenfelde** zu HPA Pankow 1	01.01.1965	1108 – Hauptstraße 5
	01.07.1993	**Postamt Blankenfelde – 13159 Berlin**
	31.12.1994	geschlossen
1115 Buch zu HPA Pankow 1	01.01.1965	1115 – Wiltbergstraße 5
	ca. 1986	1115 – Wilbergstraße 11
	01.07.1993	**Postamt Buch – 13125 Berlin**
		geschlossen
1113 Buchholz zu HPA Pankow 1	01.01.1965	1113 – Berliner Straße 8
	01.07.1993	**Postamt Buchholz – 13127 Berlin**
	31.12.1998	geschlossen
1128 Falkenberg zu PA Hohenschönhausen 1	01.01.1965	1128 – Dorfstraße 18
	01.09.1985	1098 – Dorfstraße 18
	1992	geschlossen
1184 Falkenhorst zu PA Grünau 1	01.01.1965	1184 - Schulzendorfer Straße 54
	31.12.1992	geschlossen
1136 – Friedrichsfelde zu HPA Lichtenberg 1	01.01.1965	113 – Alt-Friedrichsfelde 105
	13.02.1967	1136 – Berlin-Friedrichsfeldes 1
	03.05.1975	*Straßenumbenennung*
	bis	1136 – Straße der Befreiung 105
	12.01.1982	1136 – Seddiner Straße 8
	23.03.1982	**Postamt Friedrichsfelde 1 –**
	01.07.1993	**10315 Berlin**
		geschlossen
1137 – Friedrichsfelde 2 zu PA Friedrichsfelde 1	13.02.1967	1136 – Volkradpassage
	30.05.1992	aufgehoben
1131 – Friedrichsfelde 3 zu PA Friedrichsfelde 1	29.01.1976	1136 – Dolgenseestraße 11a
	01.07.1993	**Postamt Friedrichsfelde 3 –** **10319 Berlin**
	31.03.1996	geschlossen
1159 –	14.02.1978	1136 – Otto-Schmirgal-Straße 1

Postamt Berlin-	seit	Anschrift
Friedrichsfelde 4 zu PA Friedrichsfelde 1	01.07.1993	**Postamt Friedrichsfelde 4 – 10319 Berlin** geschlossen
1149 – **Friedrichsfelde 5** zu PA Friedrichsfelde 1	16.02.1978 31.12.1991	1136 – Rhinstraße 85 geschlossen
1162 – Friedrichshagen HPA Oberschöneweide	01.01.1965 01.07.1993 31.08.2018	1162 – Bölschestraße 69a **Postamt Friedrichshagen – 12587 Berlin** geschlossen
118 – Grünau 1 HPA Oberschöneweide	01.01.1965 01.01.1979 01.07.1993	118 – Wassersportallee 24 1180 – Wassersportallee 24 **Postamt Grünau 1 – 12527 Berlin** geschlossen
1182 Grünau 2 zu PA Grünau 1	01.01.1965 01.01.1979 seit 1986	118 – Am Falkenberg 38 1180 – Am Falkenberg 38 Postamt Altglienicke 2 geschlossen
1105 Heinersdorf zu HPA Pankow 1	01.01.1965 01.09.1985 01.07.1993 08.12.1993 12.08.2003	1105 – Berliner Straße 84 1121 – Berliner Straße 84 **Postamt Heinersdorf – 13189 Berlin** 13189 – Romain-Rolland-Straße 70 geschlossen
HPA Hellersdorf	01.01.1988	1141 – Oberfeldstraße 1b-d nur Büroräume
1150-1 Hellersdorf 1	01.08.1988 01.07.1993 30.10.1997	1150-1 – Naumburger Ring 12 **Postamt Hellersdorf 1 – 12627 Berlin** geschlossen
1150-2 Hellersdorf 2	*geplant*	*1150-2 – Kyritzer Straße*

Postamt Berlin-	seit	Anschrift
1150-3	August 1988	1150-3 – Gert-Eisler-Straße 9
Hellersdorf 3	12.06.1992	*Straßenumbenennung*
		1050-3 – Nossener Straße 9
	01.07.1993	**Postamt Hellersdorf 3 – 12627 Berlin**
	13.10.1997	geschlossen
1152-4	Anfang 1988	1152-4 – Gothaer Straße 45
Hellersdorf 4	01.07.1993	**Postamt Hellersdorf 4 – 12629 Berlin**
	Ende 1997	geschlossen
1150-5	17.04.1986	1150-5 – Stendaler Straße 43
Hellersdorf 5	September 1988	geschlossen
1150-6	seit 1990	Albert-Kuntz-Straße 50
Hellersdorf 6	01.07.1993	**Postamt Hellersdorf 6 – 12627 Berlin**
	2001	geschlossen
1167	1969	Lindenstraße 23
Hessenwinkel	30.09.1992	geschlossen
1163	01.01.1965	1162 – Jastower Weg 31
Hirschgarten	seit 1967	1162 – Stillerzeile 123
HPA Oberschöneweide	31.12.1991	geschlossen
1090 HPA Hohen-schönhausen	01.09.1985	1090 – Randowstraße 32 *(nur Büroräume)*
1125 Hohen-schönhausen 1	01.01.1965	1125 – Werneuchener Straße 30-33
	01.09.1985	**Hohenschönhausen 2 (siehe dort)**
1090 - 1 Hohen-schönhausen 1	21.03.1988	1090 -1 Egon-Erwin-Kisch-Straße 99
	01.07.1993	**13059 Berlin-Hohenschönhausen 1**
	2000	geschlossen

Postamt Berlin-	seit	Anschrift
1126 Hohen-schönhausen 2	01.01.1965	1125 – Wartenberger Straße 11
	03.07.1978	1125 – Gensler Straße 30
	01.09.1985	**Hohenschönhausen 4 (siehe dort)**
	31.03.1992	geschlossen
1092 – Hohen-schönhausen 2	01.09.1985	1092 – Werneuchener Straße 30-33
	01.07.1993	**13055 – Hohenschönhausen 2**
	1998	gschlossen (Abriss)
1124 – Hohen-schönhausen 3	07.05.1984	1125 – Zingster Straße 1/3
	30.09.1985	geschlossen
1093 – 3 Hohen-schönhausen	01.10.1985	1093 – 3 - Prerower Platz 2
	01.07.1993	**13051 – Hohenschönhausen 3**
	1993 bis 1994	13051 – Wartenberger Straße 17
	26.10.1995	13051 – Prower Platz 2
1092 – 4 Hohen-schönhausen 4	vorher	1126 – Hohenschönhausen 2
	01.09.1985	1092 – 4 - Gensler Straße 30
	31.03.1992	geschlossen
1095 – 5 Hohen-schönhausen	04.08.1986	1095 – Warnemünder Straße 48
	15.07.1988	1095 – Egon-Erwin-Kisch-Straße 28
	01.07.1993	**13059 – Hohenschönhausen 5**
	22.06.1996	Erste bundesweite Post-Plus-Filiale
1090 – 6 Hohen-schönhausen	06.07.1987	1090 – 6 Randowstraße 32
	12.02.1988	1090 – 6 Welsestraße 56
	01.07.1993	**13057 – Hohenschönhausen 6**
	22.03.1997	geschlossen
1197 – Johanisthal	01.01.1965	1197 – Königsheideweg 271
	01.07.1993	**12487 – Johanisthal**
	1999	Sterndamm 87
1157 – Karlshorst 1	01.01.1965	1157 – Ehrenfelsstraße 42-44
	01.07.1993	**10318 – Karlshorst**
zu HPA Lichtenberg 1	10.08.2018	geschlossen

Postamt Berlin-	seit	Anschrift
1158 – Karlshorst 2	01.01.1965	1157 – Hermann-Duncker-Straße 6
	25.03.1969	geschlossen
1187 – Karolinenhof	01.01.1965	1186 – Vetschauer Allee 3
	1967	1186 – Vetschauer Allee 16
	1989	1186 – Schappachstraße 22
	31.12.1992	geschlossen
1116 – Karow	01.01.1965	1116 – Bahnhofstraße 22
	01.09.1985	**1123 – Karow** (Änderung der PLZ)
	01.07.1993	**13125 Karow**
	ca. 2000	geschlossen
1138 – Kaulsdorf 1 bis 1981 HPA Lichtenberg 1 1981-HPA Marzahn 1	01.01.1965	1138 – Mädewalder Weg 61-63
	01.10.1981	**1144 – Kaulsdorf 1** (Änderung der PLZ)
	01.07.1993	**12621 – Kaulsdorf 1**
	28.02.2011	geschlossen
1139 – Kaulsdorf 2 zu Kaulsdorf 1	01.01.1965	1138 – Chemnitzer Straße 195
	01.10.1981	1144-2 Chemnitzer Straße 195
	01.07.1993	**12621 – Kaulsdorf 2**
	08.12.1995	geschlossen
1144 – Kaulsdorf 3 1982-HPA Marzahn 1 1988-HPA Hellersdorf 1	17.06.1982	1144-3 – Hellersdorfer Straße 83
	09.12.1991	1144-3 – Hellersdorfer Straße 78 (in postamtlichen Unterlagen teilweise auch als 1153-3 verzeichnet)
	01.07.1993	**12619 Berlin-Kaulsdorf 3**
	22.03.2023	geschlossen
117/1170 – Köpenick 1 HPA Oberschöneweide	01.01.1965	117/1170 – Lindenstraße 42
	01.07.1993	**12555 – Köpenick 1**
		geschlossen
1172 – Köpenick 2	01.01.1965	117/1170 – Mahlsdorfer Straße 39
	Ende 1991	geschlossen

Postamt Berlin-	seit	Anschrift
zu PA Köpenick 1		
1173 –	01.01.1965	117/1170 – Grünauer Straße 29
Köpenick 3	01.07.1993	**12557 – Köpenick 3**
zu PA Köpenick 1	ca. 2000	geschlossen
1174 –	01.01.1965	117/1170 – Kaulsdorfer Straße 165
Köpenick 4	01.07.1993	12555 – Köpenick 4
zu PA Köpenick 1	1999	geschlossen
1175 –	01.01.1965	117 – Pritstabelstraße 26
Köpenick 5	1979	aufgehoben
zu PA Köpenick 1	1989	1170 – Müggelschlösschenweg 38
	01.07.1993	**12559 – Köpenick 5**
	01.10.1993	geschlossen
1176 –	Januar 1976	117/1170 – Pablo-Neruda-Straße 4
Köpenick 6	01.07.1993	**12559 – Köpenick 6**
zu PA Köpenick 1		
113/1130 – HPA	01.01.1965	113/1130–Frankfurter Allee 204-206
Lichtenberg 1	01.07.1993	**10317 – Lichtenberg 1**
	April 2019	geschlossen
1132 –	01.01.1965	113 – Möllendorfstraße 87
Lichtenberg 2		*Straßenumbenennung*
zu HPA Lichtenberg 1	14.01.1976	1156 – Jacques-Duclos-Straße 87
	31.03.1992	geschlossen
1133 –	01.01.1965	113/1130 – Wönnichstraße 20
Lichtenberg 3	01.07.1993	**10317 – Lichtenberg 3**
zu HPA Lichtenberg 1	01.10.1993	geschlossen
1134 –	01.01.1965	1134 – Nöldnerstraße 26-27
Lichtenberg 4	01.07.1993	**10317 – Lichtenberg 4**
zu HPA Lichtenberg 1	ca. 2000	geschlossen
1135 –	02.01.1965	113 – Roederstraße 45 b/c
Lichtenberg 5	ab 1978	1156 – Rudolf-Seiffert-Straße 1

Postamt Berlin-	seit	Anschrift
zu HPA Lichtenberg 1	01.07.1993	**10369 – Lichtenberg 5**
	1995	10369 – Storkower Straße 207
1151 –	15.01.1976	1156 – Bernhard-Bästlein-Straße 3
Lichtenberg 7	01.07.1993	**10367 – Lichtenberg 7**
zu HPA Lichtenberg 1	15.07.1995	geschlossen
1158 –	14.01.1977	1156 – Judith-Auer-Straße 6
Lichtenberg 8	01.07.1993	**10369 – Lichtenberg 8**
zu PA Lichtenberg 1	1999	geschlossen
115/1150 –	01.01.1965	115/1150 – Fritz-Reuter-Straße 8/9
Mahlsdorf 1	01.10.1981	**1147-1 – Mahlsdorf**
bis 1981 HPA	01.07.1993	**12623 – Mahlsdorf 1**
Lichtenberg 1	13.09.2000	12623 – Wodanstraße 44
ab 1981 HPA Marzahn	Mitte 2008	geschlossen
1152 –	01.01.1965	115/1150 – Hultschiner Samm 19
Mahlsdorf 2	01.10.1981	**1147-2 Mahlsdorf**
	01.07.1993	**12623 – Mahlsdorf 2**
	31.05.2006	geschlossen
1153 –	01.10.1965	115/1150 – Bruchsaler Straße 43
Mahlsdorf 3	01.10.1981	**1147-3 Mahlsdorf**
	1990	geschlossen
1154 –	01.01.1965	115 – Hermelinweg 12
Mahlsdorf 4	1976	aufgehoben
	1979	1150 – Hönower Straße 293
	01.10.1981	**1147-4 Mahlsdorf**
	31.12.1991	geschlossen
1129 – Malchow	01.01.1965	1129 – Dorfstraße 45
	01.09.1985	**1099 – Malchow**
	1988	1099 – Dorfstraße 46
	01.07.1993	**13051 – Malchow**
	31.03.1996	aufgehoben
1146 – Marzahn	01.01.1965	1146 – Alt-Marzahn 38

Postamt Berlin-	seit	Anschrift
	01.10.1981	**1140 – Marzahn**
	30.08.1985	geschlossen
1140 – HPA Marzahn	01.10.1981	1141 – Oberfeldstraße 1b/d (nur Büroräume)
	04.04.1986	Umzug ins neue HPA
1140-1 – Marzahn 1	08.10.1982	1140 – Franz-Stenzer-Straße 45
	04.04.1986	geschlossen
1140 – 1 HPA Marzahn 1	06.04.1986	1140 – Marzahner Promenade 2
	01.07.1993	**12679 – Marzahn 1**
	2003	geschlossen
1142-2 Marzahn 2	1986	1142 – Otto-Winzer-Straße 94
	1988	1142 – Max-Herrmann-Straße 14
	01.07.1993	**12687 – Marzahn 2**
	03.03.2001	geschlossen
1142-3 Marzahn 3	14.09.1987	1142 – Eichhorster Straße 42
	05.06.1992	geschlossen
1140 Marzahn 4	14.01.1981	1140 – Fichtelbergstraße 1
	01.10.1981	**1140-4 Marzahn 4**
	31.01.1992	geschlossen
1142-5 Marzahn 5	10.02.1984	1142 – Jan-Petersen-Straße 14
	31.12.1991	geschlossen
1140-6 Marzahn 6	15.06.1982	Bärensteinstraße 22
	01.07.1993	**12685 – Marzahn 6**
	28.06.1997	aufgehoben
1140-7 Marzahn 7	30.09.1981	1140 – Helene-Weigel-Platz 5
	01.07.1993	**12681 – Marzahn 7**
	31.07.2019	geschlossen
1140-8 Marzahn 8	01.03.1979	1140 – Murtzaner Ring 71
	01.10.1981	**1140-8 Marzahn 8**
	31.01.1992	geschlossen

Postamt Berlin-	seit	Anschrift
1143-9 Marzahn 9	11.10.1985 30.04.1992	1143 – Wittenberger Straße 78 geschlossen
1143-10 Marzahn 10	03.08.1987 01.07.1993 2004	1143 – Schwarzwurzelstraße 46 **12689 – Marzahn 10** geschlossen
1142-11 Marzahn 11	29.05.1985 31.03.1992	1142 – Bordowiner Ring 16 geschlossen
1140-12 Marzahn 12	01.06.1990 31.12.1990	1140 – Alt-Marzahn 56 geschlossen
1168 Müggelheim	01.01.1965 01.07.1993 10.10.1997	1168 – Alt-Müggelheim 11 **12559 – Müggelheim** geschlossen
119/1190 Nieder- schöneweide 1	01.01.1965 01.07.1993 1999	119/1190 – Fennstraße 9-11 **12439 – Niederschöneweide** aufgehoben
1192 Nieder- schöneweide 2	01.01.1965 31.12.1991	119/1190 – Bruno-Bürgel-Weg 20 geschlossen
111/1110 Nieder- schönhausen 1	01.01.1965 01.07.1993	111/1110 – Treskowstraße 67 **13156 – Niederschönhausen 1**
1112 Nieder- schönhausen 2	01.01.1965 30.06.1992	111/1110 – Dietzgenstraße 83 geschlossen
1111 Nieder- schönhausen 3	13.12.1972 01.07.1993 27.06.1997	111/1110 – Blankenburger Straße 120 **13156 – Niederschönhausen 3** geschlossen
116/1160 HPA Oberschöneweide	01.01.1965 01.07.1993	116/1160 – Schillerpromenade 1 **12459 – Oberschöneweide**
110/1100 HPA	01.01.1965	110/1100 – Breite Straße 12

Postamt Berlin-	seit	Anschrift
Pankow	01.07.1993	**13187 – Pankow 1**
1102 Pankow 2	01.01.1965 30.04.1992	110/1100 – Pichelswerder Straße 12 geschlossen
1103 Pankow 3	01.01.1965 01.07.1993 30.10.1993	110/1100 – Elsa-Brandström- Straße 15 **13189 – Pankow 3** geschlossen
1166 Rahnsdorf	01.01.1965 01.07.1993 31.01.1997	1165 – Fürstenwalder Allee 939 **12589 – Rahnsdorf** aufgehoben
1107 Rosenthal	01.01.1965 31.12.1991	1107 – Schönhauser Straße 2 geschlossen
1186 Schmöckwitz	01.01.1965 01.07.1993 31.12.1995	1186 – Am Seddinsee 34 **12527 – Schmöckwitz** geschlossen
1188 Schönefeld 1	01.01.1965	1188 – Mittelstraße 4
1189 Schönefeld 3 Zentralflughafen	01.01.1965	1189 – Zentralflughafen
1196 Spätsfelde	01.01.1965 1991	1195 – Alpenrosenweg 64 geschlossen
1193 Treptow 1	01.01.1965 01.07.1993	1193 – Am Treptower Park 32 **12435 – Treptow 1**
1194 Treptow 2	01.01.1965 01.07.1993 1999	1193 – Bouchèstraße 20/21 **12435 – Treptow 2** aufgehoben

Postamt Berlin-	seit	Anschrift
1155 Waldesruh Post über Mahlsdorf	01.01.1965 01.10.1981 1981 1990	1155 – Kantstraße 44 **1147 – Waldesruh** 1147 – Karl-Marx-Straße 48 geschlossen
1127 Wartenberg	01.01.1965 01.09.1985 31.12.1991	1127 – Dorfstraße 21 **1097 – Wartenberg** geschlossen
112/1120 HPA Weißensee 1	01.01.1965 01.09.1985 01.07.1993	112/1120 - Charlottenburger Straße 140 **1120-1 Weißensee** **13086 – Weißensee 1**
1122 Weißensee 2	01.01.1965 08.04.1981 01.09.1985 01.07.1993 09.12.2003	112/1120 – Rennbahnstraße 4 112/1120 – Klement-Gottwald- Allee 199 **1120-2 Weißensee** **13088 – Weißensee 2** geschlossen
1123 Weißensee 3	01.01.1965 01.09.1985 30.06.1992	112/1120 – Heinersdorfer Straße 33a **1120-3 Weißensee** aufgehoben
1178 Wendenschloß	01.01.1965 01.07.1993 31.10.1997	117/1170 – Zum Langen See 29 **12557 – Wendenschloß** geschlossen
1165 Wilhelmshagen	01.01.1965 01.07.1993 31.01.1997	1165 – Eichbergstraße 36 **12589 – Wilhelmshagen** geschlossen
1106 Wilhelmsruh	01.01.1965 01.07.1993 21.08.2018	1106 – Hauptstraße 32 **13158 – Wilhelmsruh** geschlossen

Begriffe aus dem Postwesen
Postal terms

Annahmepostamt

Eine Annahmepostamt ist eine Einrichtung der Post, die ausschließlich darauf ausgerichtet ist, Leistungen im Annahmedienst (Brief- und Paketsendungen, Einschreiben, Postanweisungen usw.) zu er-bringen. Hierzu gehören insbesondere Zweigpostämter, Poststellen I und Selbstbedienungspostämter.

Acceptance post office

An acceptance post office is a postal facility designed exclusively to provide acceptance services (letter and parcel items, registered mail, postal orders, etc.). These include, in particular, branch post offices, post offices I and self-service post offices.

Hauptpostamt (HPA)

Das HPA war eine der Bezirksdirektion der Deutschen Post der DDR unterstellte Einrichtung. Ihm waren Postämter und Poststellen eines örtlichen Bereiches zugeteilt. Die Bezeichnung HPA wurde ab Ok-to-ber 1952 eingeführt.

Main Post Office (HPA)

The HPA was one of the district directorates of the Deutsche Post of the GDR subordinate institution. He had post offices and post offices of a local area. The designation HPA was changed from October onwards. It was introduced in 1952.

Oberpostdirektion (OPD)

Oberpostdirektion war in Deutschland die Bezeichnung für eine Mittelbehörde sowie Verwaltungseinheit der Postverwaltungen. Oberpostdirektionen wurden 1850 erstmals im Königreich Preußen eingerichtet. Durch eine Kabinettsorder vom 19. September 1849 wurde in jedem der 26 Regierungsbezirke Preußens eine Oberpostdirektion ins Leben gerufen. In Brandenburg gab es danach die drei OPD Berlin, Potsdam und Frankfurt/Oder. Nach dem Zweiten Weltkrieg bestanden Oberpostdirektionen zunächst in den Besatzungszonen und später in den beiden deutschen Staaten fort. In der DDR wurden die Oberpostdirektionen 1954 aufgelöst und neue Bezirksdirektionen geschaffen.

Oberpostdirektion (OPD)

Oberpostdirektion was the name given in Germany to a middle authority and administrative unit of postal administrations. Oberpostdirektionen were first established in the Kingdom of Prussia in 1850. By a cabinet order of 19 September 1849, a Oberpostdirektion was established in each of the 26 administrative districts of Prussia. In Brandenburg there were then the three OPD Berlin, Potsdam and Frankfurt/Oder. After the Second World War, Oberpostdirektionen continued to exist, first in the occupation zones and later in the two German states. In the GDR, the Oberpostdirektionen were dissolved in 1954 and new Bezirksdirektionen were created.

Postagentur

Postagentur ist die Bezeichnung für eine Postannahmestelle, die nicht durch den eigentlichen Postdienstleister (wie z. B. Deutsche Reichspost), sondern durch einen selbständigen Unternehmer (Postagent) geleitet wird. Ab 1939 wurden die Postagenturen in Poststellen I umgewandelt.

Postal Agency

Postal agency is the name given to a post office that not by the actual postal service provider (e.g. Germans Reichspost), but is managed by an independent entrepreneur (postal agent).From 1939, the postal agencies were converted into Post Offices I.

Postämter der Deutschen Reichspost

Seit dem 5. Januar 1875 unterschied man zwischen

- Postämtern I. Klasse, mit einem Postdirektor als Leiter

- Postämtern II. Klasse (Postmeister), vorher Postverwaltungen und

- Postämtern III. Klasse (Postverwalter), vorher Postexpeditionen.

Mit der Verfügung im Amtsblatt vom 25. Juli 1924 fiel die Klassenbezeichnung der Postämter weg.

Post offices of the Deutsche Reichspost

Since 5 January 1875, a distinction has been made between:

- First class post offices, with a postmaster as head

- Second class post offices (postmasters), formerly postal administrations and

- Post offices III class (postal administrators), previously postal expeditions.

With the decree in the Official Gazette of 25 July 1924, the class designation of the post offices was abolished.

Postamt

Als Postamt wurde bis zur Privatisierung in Deutschland eine örtliche Dienststelle der Post bezeichnet, die in einem öffentlichen Gebäude oder amtlich gemieteten Räumen untergebracht war. Der Begriff stand auch für eine Verwaltungseinheit, wenn eine Posteinrichtung für bestimmte Verwaltungstätigkeiten (wie z. B. Abrechnungen) anderer Posteinrichtungen zuständig war Seit der Privatisierung werden Postämter Postfilialen genannt.

Post office

Until privatisation in Germany, a post office was a local post office that was housed in a public building or officially rented premises. The term also referred to an administrative unit when a postal entity was responsible for certain administrative activities (such as billing) of other postal services. Since privatization, post offices have been called post offices.

Post-Expedition

Die preußischen Postexpeditionen sind aus den *Postwärterämtern* hervorgegangen. Diese waren hinsichtlich des Kassen- und Rechnungswesens dem nächstgelegenen Postamt zugeteilt, standen aber sonst unmittelbar unter dem Generalpostamt. Die Verwaltung der Postwärterämter wurde in der Regel Ortseinwohnern als Nebenbeschäftigung übertragen. Diese Bezeichnung blieb auch nach Schaffung der Oberpostdirektionen 1850 bestehen. Die Unterstellung der Postexpeditionen unter die Postämter hörte jedoch auf. Die Expeditionen wurden in die Klassen I und II einge - teilt; die Vorsteher der Postexpedition I. Klasse waren kündbar an- gestellte Fachbeamte mit der Amtsbezeichnung *Postexpediti- ent*, die der II. Klasse nebenamtlich tätige Ortseinwohner mit der Bezeichnung *Postexpediteur*. Beide Klassen rechneten unmittelbar mit der Oberpostkasse ab.

1871 wurden die Postexpeditionen I. Klasse in Postverwaltungen umgewandelt, während die Postexpeditionen II. Klasse ihren Na- men, ohne Zusatz, beibehielten. 1876 wurden die Postexpeditionen umbenannt in „Postämter III. Klasse", deren Leitung Fachbeamte übernahmen.

Post-Expedition

The Prussian postal expeditions are from the post office keepers' offices arisen. These were assigned to the nearest post office for cash and accounting, but were otherwise directly subordinate to the General Post Office. The administration of the post office was usually entrusted to local residents as a secondary occupation. This name remained even after the creation of the Oberpostdirektionen in 1850. However, the subordination of postal expeditions to post offices ceased. The expeditions were divided into classes I and II; the heads of the Postal Expedition First Class were dismissable specialist civil servants with the official title Postexpedient, the second-class part-time local residents with the designation Postexpediteur. Both classes settled directly with the Oberpostkasse. In 1871, the postal expeditions first class were transformed into postal administrations, while the second-class postal expeditions retained their name, without addition. In 1876, the postal expeditions were renamed "Post Offices III Class", whose leadership was taken over by specialist officials.

Posthilfsstellen *(damals als Posthülfstellen bezeichnet)*

Posthilfsstellen (PHST) waren Einrichtungen der Post im 19. Jahrhundert, die an Privatleute vergeben wurden, um den Postdienst auf dem Lande zugänglich zu machen.

Postal auxiliary offices *(then called Posthülfstellen)*

Postal auxiliary offices (PHST) were postal facilities in the 19th century, which were assigned to private individuals in order to make the postal service accessible in the countryside.

Postleitzahl (PLZ)

Postleitzahlen sind Ergänzungen der Anschrift und damit Hilfsmittel der Post und der Kunden für eine reibungslose und schnelle Zustellung der Postsendungen. Die ersten Postleitzahlen wurden in Deutschland 1941 für den Päckchen- und Paketdienst eingeführt. Es waren 32 Gebiete, die den Bereichen der Oberpostdirektionen entsprach. Sie wurden 1944 auch für den normalen Postversand von Briefen und Postkarten verbindlich. Diese Postleitgebiete hatten bis zu den beiden vierstelligen Systemen in der Bundesrepublik (ab 1962) und der DDR (ab 1965) Gültigkeit.

Postal code (zip code)

Postal codes are additions to the address and thus aids of the post office and the customers for a smooth and fast delivery of postal items. The first postal codes were introduced in Germany in 1941 for the parcel and parcel service. There were 32 areas, which corresponded to the areas of the Oberpostdirektionen. In 1944 they also became mandatory for the normal postal dispatch of letters and postcards. These postal code areas were valid up to the two four-digit systems in the Federal Republic (from 1962) and the GDR (from 1965).

Postmeister

Der Postmeister ist der verantwortliche Beamte, der für die Zustellung und den Transport von Briefen und anderen postalischen Nachrichten zuständig ist. Zumeist untersteht dem Postmeister eine eigene Dienststelle, zu der mehrere Briefzusteller gehören.

Postmaster

The postmaster is the officer responsible for the delivery and transport of letters and other postal messages. In most cases, the postmaster has his own office, to which several letter deliverers belong.

Poststelle

Als Poststellen wurden Einrichtungen bezeichnet, die den Post- und Fernmeldedienst in kleineren Orten oder in Wohngegenden, deren Postverkehr nicht die Einrichtung eines Zweigpostamts oder einer Stelle mit der Annahmebefugnis eines Postamts rechtfertigte, wahrnahmen.

Post

Post offices were establishments providing postal and telecommunications services in smaller towns or in residential areas whose postal traffic did not justify the establishment of a branch post office or a post office with the power of acceptance of a post office.

Poststelle I (PST)

Poststellen I waren einem Abrechnungspostamt unterstellt. Sie hatten im Allgemeinen die gleichen Annahmebefugnisse wie Postämter – sie erhielten Bestände an Postwertzeichen und Formblätter je nach Bedarf und dem danach festgesetzten Regelbestand. Mit dem zuständigen Postamt rechneten die Poststellen I monatlich ab.

Post I (PST)

Post I were subordinated to a settlement post office. They generally had the same powers of acceptance as post offices – they were given stocks of postage stamps and forms according to their needs and the standard stock set thereafter. Post I settled accounts with the responsible post office on a monthly basis.

Poststelle II Stadt (PST II)

PST II Stadt wurden hauptsächlich in reinen Wohngegenden, deren Postverkehr nicht die Einrichtung eines Zweigpostamts oder einer PST I rechtfertigten, eingerichtet. Es gab PST II Stadt mit vollen oder beschränkten Annahmebefugnissen. Die PST II Stadt *mit vollen Annnahmebefugnissen* gaben Wertzeichen und Formblätter der gangbarsten Sorten, ferner Postsparkarten ab; sie nahmen gewöhnliche und eingeschriebene Briefsendungen und Päckchen, auch Eilbrief-, Rückschein- und Nachnahmesendungen an, ferner gewöhnliche Inlandspakete und Postgüter, unversiegelte Wertpakete und Wertpostgüter, Postanweisungen und Zahlkarten. PST II Stadt *mit beschränkten Annahmebefugnissen* beschränkten sich auf die Abgabe von Wertzeichen und Formblättern der gangbarsten Sorten, ferner von Postsparkarten sowie auf die Annahme von gewöhnlichen und eingeschriebenen Briefsendungen und Päckchen, auch der Eilbrief-, Rückschein- und Nachnahmesendungen. Den PST II Stadt stand ein Bestand an Wertzeichen und sonstigen Scheinen zur Verfügung. Einschreibsendungen, Pakete und Postgüter waren bei der PST mit Nummerzettel, die den Namen der PST als

Einlieferungsort trugen zu bekleben. PST II Stadt führten *keinen Tagesstempel.*

Post II City (PST II)

PST II city were mainly established in purely residential areas, whose postal traffic did not justify the establishment of a branch post office or a PST I. There was PST II city with full or limited acceptance powers. The PST II city with full acceptance powers issued stamps and forms of the most viable varieties, as well as postal savings cards; they accepted ordinary and registered items of correspondence and parcels, including express letters, acknowledgement of receipt and COD items, ordinary domestic parcels and postal goods, unsealed parcels of value and valuables, postal orders and payment cards. PST II City with limited powers of acceptance was limited to the supply of stamps and forms of the most viable varieties, postal savings cards and to the acceptance of ordinary and registered letters and parcels, including express letters, acknowledgement of receipt and COD items. The PST II city had a stock of tokens and other notes at their disposal. Registered items, parcels and postal goods had to be affixed to the PST with number slips bearing the name of the PST as the place of delivery. PST II city did not keep a day stamp.

Zustellpostamt

Postämter, die neben den postalischen Annahmeaufgaben (Brief- und Paketsendungen, Einschreiben, Postanweisungen usw.) auch für die Zustellung der Postsendungen zuständig sind, werden auch Zustellpostamt genannt.

Delivery post office

Post offices, which in addition to the postal acceptance tasks (letter and parcels, registered mail, postal orders, etc.) too are responsible for the delivery of postal items, shall also: Delivery post office.

Zweigpostamt (ZwPA)

Die Zweigpostämter, meist frühere Poststellen I, wurden 1927 eingeführt. Sie waren dem Kunden gegenüber vollwertige Postämter, jedoch ohne eigene Verwaltung. Sie galten als Zweigstellen des Abrechnungspostamts und wurden von diesem verwaltet.

Branch Post Office (ZwPA)

The branch post offices, mostly former post offices I, were established in 1927 as a guided. They were fully-fledged post offices vis-à-vis the customer, but without its own administration. They were considered branches of the settlement post office and were managed by it.

Literatur / Quellen:

- transpress Lexikon – POST, Post- und Fernmeldewesen; transpress VEB Verlag für Verkehrswesen, Berlin 1982

- Postleitzahlen der Deutschen Demokratischen Republik 1964, 1979, 1984 und 1989. Herausgegeben vom Ministerium für Post und Fernmeldewesen der DDR

- Amtliches Fernsprechbuch für den Bereich der Reichspostdirektion Berlin 1941

- Amtliches Fernsprechbuch für den Bereich der Bezirksdirektion für Post- und Fernmeldewesen Groß-Berlin(1955-61)

- Amtliches Fernsprechbuch Ortsnetz Berlin (West) (1969/70 bis 1980/81)

- Amtsblatt des Bundesministers für das Post- und Fernmeldewesen Nr. 101/1962

- Berliner Adressbuch 1913, 1925 und 1930

- Fernsprechbuch für die Hauptstadt der DDR, 1965 sowie der folgenden Jahre 1967, 1969, 1974, 1977, 1979, 1981, 1984, 1986 und 1989

- Straßenverzeichnis von Berlin (Stand 01.04.1952)

- Telefonbuch 1. Berlin: Telefonbuch der Deutschen Telekom AG (1981/82 bis 1991/1992)

- Verzeichnis der Teilnehmer an dem Fernsprechnetz in Berlin und Umgebung (April 1914 und Oktober 1915)

- Blankenfeldt, Walter: Aus der Schöneberger Postgeschichte; In: 700 Jahre Schöneberg 1264 – 1964, S. 175ff.

- Büttner/Hofmann/Wenzel: Aufgabestempel der Berliner Postanstalten; Selbstverlag, Berlin 1980

- Daube, Jürgen: die post - Zur Geschichte der Post im Berliner Stadtteil Karlshorst (Karlshorster Beiträge zur Geschichte und Kultur); Kulturring in Berlin e.V. 2009

- Dröscher, Günter: Die Postgeschichte von Spandau und Umgebung, Berlin 1974

- Gärtner, Karl-Heinz: Aus der Mahlsdorfer Postgeschichte, In: Historisches Jahrbuch Marzahn-Hellersdorf 2020, S. 149 ff.

- Geyer, Bernd: Die Post im Neubaugebiet Berlin-Marzahn (I); In: sammler express 17/1981

- Geyer, Bernd: Die Post im Neubaugebiet Berlin-Marzahn (II); In: sammler express 18/1981

- Kühling, Kurt: Ein Stadtbezirk wächst – Berlin-Hohenschönhausen; In: sammler express Nr. 23/1988

- Manke, Elisabeth: Post aus Berlin-Marzahn; In: sammler express 11/1978

- Martin, Winfried: Verzeichnis Berliner Postanstalten – Eine Chronik der Postämter von den Anfängen bis zum Jahre 2000 im Berliner Bezirk der OPD, Eigenverlag Riegelsberg 2001 (2. Auflage)

- Marx, Wolfgang: Die Entwicklung der Postämter, Interimspostämter und Postfilialen in der Großsiedlung Hellersdorf (1. Teil); In: berlin philatelie Heft 2/2007

- Marx, Wolfgang: Die Post in der Großsiedlung Hellersdorf (2. Teil); In: berlin philatelie Heft 2/2008

- Marx, Wolfgang: Die Post in der Großsiedlung Hellersdorf (3. und letzter Teil); In: berlin philatelie Heft 2/2009

- Marx, Wolfgang: Die Post in der Großsiedlung Hellersdorf (Nachtrag); In: berlin philatelie Heft 2/2010

- Meiffert, Jürgen: Die Postgeschichte Südendes und Berlin-Südendes 1874-1998 (Ausgabe 2014), Eigenverlag

- Meiffert, Jürgen: Die Postgeschichte Dahlems und Berlin-Dahlems 1821-2018 (Ausgabe 2018), Eigenverlag

- Meiffert, Jürgen: Die Lankwitzer Postgeschichte 1821-2015 (Ausgabe 2015), Eigenverlag

- Meiffert, Jürgen: Die Postgeschichte Lichterfeldes (Ausgabe 2008), Eigenverlag

- Oertel, Horst: Postgeschichte Berlin-Hohenschönhausen; morgana-edition MPG 10, Berlin 2010

- Raupp, Otto: Neunzig Jahre Post in Friedenau; In: 700 Jahre Schöneberg 1264 – 1964, S. 185ff.

- Sprenger, Wolfgang: Wilmersdorf und seine Postgeschichte; In: 50 Jahre Briefmarkensammlerverein Wilmersdorf e.V.
- Steinbock/Gunn/Koegel: Berlin (West) Auslandsluftpost 1948-1965 (FG Berlin)
- Steinwasser, Fritz: Berliner Post – Ereignisse und Denkwürdigkeiten seit 1237; transpress VEB Verlag für Verkehrswesen, Berlin 1988
- Tichatzky, Peter: Zur Geschichte der Philatelie in Berlin-Lichtenberg; Philatelistenclub Berlin-Mitte e.V., Berlin 2010
- Zorn, Heinz: Zur Postgeschichte des Prenzlauer Berg, Berlin 2004
- Einschreibemarken an Selbstbedienungspostämtern der Deutschen Post der DDR – Katalog; Forschungsgemeinschaft Einschreibemarken (FORGE EM), 3. überarbeitete Auflage 2004

Internetquellen:

- https://www.blocksignal.de/indexg.php?w=paa
- https://www.blocksignal.de/indexg.php?w=pan
- Keine eigenen Filialen: Das letzte Postamt schließt im nächsten Jahr (tagesspiegel.de)
- Postämter machen dicht - taz.de
- https://www.berlinerpoststempel.de
- http://www.berliner-briefmarken.de
- http://www.luise-berlin.de/strassen/ strassennamen_lexikon_stadtbezirke.html
- https://www.nd-archiv.de/

A – Berliner Adressbücher

https://digital.zlb.de/viewer/image/34115512_1896/2404/

https://digital.zlb.de/viewer/image/34115316_1900/1863/

https://digital.zlb.de/viewer/image/34115316_1900/3120/

https://digital.zlb.de/viewer/image/34115495_1903/3590/

https://digital.zlb.de/viewer/image/34115495_1910/3389/

https://digital.zlb.de/viewer/image/34115495_1914/3687/

https://digital.zlb.de/viewer/image/34115495_1914/5784/

https://digital.zlb.de/viewer/image/34115495_1920/3256/

https://digital.zlb.de/viewer/image/34115495_1921/3737/

https://digital.zlb.de/viewer/image/34115495_1922/4711/

https://digital.zlb.de/viewer/image/34115495_1923/4554/

https://digital.zlb.de/viewer/image/34115495_1924/4223/

https://digital.zlb.de/viewer/image/34115495_1925/4722/

https://digital.zlb.de/viewer/image/34115495_1926/4707/

https://digital.zlb.de/viewer/image/34115495_1926/4891/

https://digital.zlb.de/viewer/image/34115495_1927/5032/

https://digital.zlb.de/viewer/image/34115495_1928/5147/

https://digital.zlb.de/viewer/image/34115495_1929/5355/

https://digital.zlb.de/viewer/image/34115495_1930/4932/

https://digital.zlb.de/viewer/image/34115495_1930/5152/

https://digital.zlb.de/viewer/image/34115495_1931/4825/

https://digital.zlb.de/viewer/image/34115495_1932/4597/

https://digital.zlb.de/viewer/image/34115495_1933/3851/

https://digital.zlb.de/viewer/image/34115495_1934/3596/

https://digital.zlb.de/viewer/image/34115495_1935/3753/

https://digital.zlb.de/viewer/image/34115495_1936/3984/

https://digital.zlb.de/viewer/image/34115495_1937/3952/

https://digital.zlb.de/viewer/image/34115495_1938/4038/

https://digital.zlb.de/viewer/image/34115495_1939/4137/

https://digital.zlb.de/viewer/image/34115495_1940/4272/

https://digital.zlb.de/viewer/image/34115495_1941/4321/

https://digital.zlb.de/viewer/image/34115495_1942/4387/

https://digital.zlb.de/viewer/image/34115495_1943/4338/

B – Berliner Telefonbücher
OPD Berlin/Reichspostdirektion Berlin

https://digital.zlb.de/viewer/image/15849349_1908/916/

https://digital.zlb.de/viewer/image/15849352_1932/1029/

https://digital.zlb.de/viewer/image/15849352_1934/921/

https://digital.zlb.de/viewer/image/15849352_1936/980/

https://digital.zlb.de/viewer/image/15849354_1937/970/

https://digital.zlb.de/viewer/image/15849354_1938/1030/

https://digital.zlb.de/viewer/image/15849354_1939/994/

https://digital.zlb.de/viewer/image/15849354_1940/1025/

https://digital.zlb.de/viewer/image/15849354_1941/1056/

https://digital.zlb.de/viewer/image/15849354_1941_2/106/

Berlin (Gesamt) nach 1945

https://digital.zlb.de/viewer/image/15849352_1945/24/

https://digital.zlb.de/viewer/image/15849352_1946/22/

https://digital.zlb.de/viewer/image/15849352_1950/359/

https://digital.zlb.de/viewer/image/15849352_1951/418/

https://digital.zlb.de/viewer/image/15849352_1952/450/

https://digital.zlb.de/viewer/image/15849352_1953/420/

Berlin (West) – Landespostdirektion Berlin

https://digital.zlb.de/viewer/image/15849356_1954/449/

https://digital.zlb.de/viewer/image/15849356_1955/459/
https://digital.zlb.de/viewer/image/15849356_1956/473/
https://digital.zlb.de/viewer/image/15849356_1957-58/510/
https://digital.zlb.de/viewer/image/15849356_1958-59/549/
https://digital.zlb.de/viewer/image/15849356_1959-60/577/
https://digital.zlb.de/viewer/image/15849356_1960-61/457/
https://digital.zlb.de/viewer/image/15849356_1961-62/540/
https://digital.zlb.de/viewer/image/15849356_1962-1963/568/
https://digital.zlb.de/viewer/image/15849356_1963-64/616/
https://digital.zlb.de/viewer/image/15849356_1964-65/647/
https://digital.zlb.de/viewer/image/15849356_1966-67/759/
https://digital.zlb.de/viewer/image/15849356_1967-68/978/
https://digital.zlb.de/viewer/image/15849356_1968-69/1103/
https://digital.zlb.de/viewer/image/15849358_1969-70/1396/
https://digital.zlb.de/viewer/image/15849358_1970-71/1458/
https://digital.zlb.de/viewer/image/15849358_1971-72/1619/
https://digital.zlb.de/viewer/image/15849358_1972-73/1735/
https://digital.zlb.de/viewer/image/15849358_1973-74/1859/
https://digital.zlb.de/viewer/image/15849358_1974-75/1912/
https://digital.zlb.de/viewer/image/15849358_1975-76/1920-1920/
https://digital.zlb.de/viewer/image/15849358_1976-77/1932/
https://digital.zlb.de/viewer/image/15849358_1977-78/2017/
https://digital.zlb.de/viewer/image/15849358_1978-79/2104/
https://digital.zlb.de/viewer/image/15849358_1979-80/2247/
https://digital.zlb.de/viewer/image/15849358_1980-81/2326/
https://digital.zlb.de/viewer/image/15849361_1981-82/2383/
https://digital.zlb.de/viewer/image/15849361_1982-83/2420/
https://digital.zlb.de/viewer/image/15849361_1983-84/2448/
https://digital.zlb.de/viewer/image/15849361_1984-85/1740/
https://digital.zlb.de/viewer/image/15849361_1985-86/1766/

https://digital.zlb.de/viewer/image/15849361_1986-87/1811/
https://digital.zlb.de/viewer/image/15849361_1987_1988/1744/
https://digital.zlb.de/viewer/image/15849361_1988-89/1765/
https://digital.zlb.de/viewer/image/15849361_1989-90/1794/
https://digital.zlb.de/viewer/image/15849361_1990-91/1814/
https://digital.zlb.de/viewer/image/15849361_1991_1992_1/1879/

Berlin (Ost)

https://digital.zlb.de/viewer/image/15849329_1955/44/
https://digital.zlb.de/viewer/image/15849329_1957/50/
https://digital.zlb.de/viewer/image/15849329_1959/64/
https://digital.zlb.de/viewer/image/15849329_1960/61/
https://digital.zlb.de/viewer/image/15849329_1961/71/
https://digital.zlb.de/viewer/image/15849331_1963/59/
https://digital.zlb.de/viewer/image/15849331_1965/83/
https://digital.zlb.de/viewer/image/15849331_1967/86/
https://digital.zlb.de/viewer/image/15849331_1969/83/
https://digital.zlb.de/viewer/image/15849331_1972/89/
https://digital.zlb.de/viewer/image/15849331_1972_1/18/
https://digital.zlb.de/viewer/image/15849331_1975/86/
https://digital.zlb.de/viewer/image/15849331_1977/98/
https://digital.zlb.de/viewer/image/15849331_1979/108/
https://digital.zlb.de/viewer/image/15849331_1981/108/
https://digital.zlb.de/viewer/image/15849331_1984/92/
https://digital.zlb.de/viewer/image/15849331_1986/88/
https://digital.zlb.de/viewer/image/15849331_1989/97/
https://digital.zlb.de/viewer/image/15849361_1991_1992_2/543/

Eine Datei mit der Link-Sammlung der Telefonbücher und Adressbücher kann per Mail unter Berliner-Post@genial.ms angefordert werden.